U1003674

初中英语整体阅读教学的探索与实践

崔春叶 ◎ 著

吉林出版集团股份有限公司

图书在版编目（CIP）数据

初中英语整体阅读教学的探索与实践 / 崔春叶著
. — 长春 : 吉林出版集团股份有限公司, 2022.4
ISBN 978-7-5731-1388-7

Ⅰ. ①初… Ⅱ. ①崔… Ⅲ. ①英语－阅读教学－教学
研究－初中 Ⅳ. ①G633.412

中国版本图书馆 CIP 数据核字 (2022) 第 055578 号

初中英语整体阅读教学的探索与实践

著　　者 崔春叶
责任编辑 滕　林
封面设计 林　吉
开　　本 787mm×1092mm　　1/16
字　　数 220 千
印　　张 10.25
版　　次 2022 年 4 月第 1 版
印　　次 2022 年 4 月第 1 次印刷

出版发行 吉林出版集团股份有限公司
电　　话 总编办：010-63109269
发行部：010-63109269
印　　刷 北京宝莲鸿图科技有限公司

ISBN 978-7-5731-1388-7　　　　定价：68.00 元
版权所有　侵权必究

前 言

随着改革开放政策的推行，中国与世界各国间的文化及贸易交流也变得越来越频繁。作为世界通用语言之一的英语在我国初中教学中处于重要位置。整体性教学有助于初中生更好地学习英语，由此可见，对初中阶段英语阅读的整体性教学模式的构建是有积极作用的。本节主要讲述初中英语阅读整体教学模式构建的意义，并就整体教学模式的具体方式进行深入探讨。

随着全球经济的不断发展，我国与世界各国间的商业贸易往来及文化交流越来越密切，从而对英语的实际运用及阅读能力提出更高的要求，传统的哑巴式英语已很难适应新时代的要求。初中阶段的英语阅读重点培养目标是让学生能够获取阅读的技能，而阅读整体性的教学模式比较重视阅读文章的整体性及教学环境的联动性，这有利于学生更好地获取阅读技能，而且有利于激发学生的学习积极性以及培养英语思维。所以说开展英语阅读的整体教学是非常有必要的。

初中阶段的英语不仅仅只培养学生的基础知识，更多的是关注如何提升学生的综合能力，而整体教学模式可以有效地让学生更好地提高其综合能力素养。初中英语教师在对学生进行阅读整体教学时，应该结合学生对文章的不同认知过程来科学合理地设计教学环节，帮助学生对文章形成初步认知，把握文章的中心主旨，并加深对阅读内容的理解，从而有效提升教学效果。

本书在写作和修改过程中，查阅和引用了书籍以及期刊等相关资料，在此，谨向本书所引用资料的作者表示诚挚的感谢。由于水平有限，书中难免出现纰漏，恳请读者、同仁和专家学者批评指正。

目　录

第一章　初中英语教学

第一节　初中英语教学要素

一、设计要素

（一）教案

教案是教学的具体方案，可以采用以一节课、一课书或一学期为单位编写。通常以一节课为单位编写，称为课时教学计划。编写教案对于完成教学任务具有重要意义。

每一种英语教程的大纲都应有明确的教学目的，这一教程中的每一节课，也应有围绕完成总目标而设定的具体目的。教案应根据每一次课的具体教学目的，设定具体的教学内容和教学方法。教案的设置，不仅要考虑到完成的教学内容，还要考虑到特定的教学对象的实际情况，尽可能因材施教，方能收到较好的教学效果。

1. 教案的内容

教案有繁有简，有详有略。新教师宜写“详案”，有经验的教师则可只写“略案”，但不论详案、略案，都必须充分而详尽地反映一堂课的教学工作的全部内容和整个过程。通常教案的内容，主要包括：教学目的、教学提纲、教学过程、教学重点和难点、直观教具、指定作业、评鉴考查、板书设计、备注心得等。教学过程，应包括一节课的教学环节、教学内容和教学方法的运用以及时间的大致分配。教学方法不一定要单独列出，也可寓于教学内容之中，至于备注心得则应用来记载教学的效果，总结经验教训。

2. 教案的编制

（1）编制步骤：①确定教学目的；②了解教学情况；③确定教学重点和难点；④选编教材；⑤决定教学方法；⑥准备教具；⑦计划教学过程；⑧选定实例、拟订问答及讨论题和列出复习要点；⑨总结；⑩作业。

（2）编写教案的原则：①吃透教材。认真钻研教材，熟悉教材，是编写教案的基础，在此基础上才能对教材作适当的选择和组织，并能预料学生在学习中的困难，提出解决的办法。②吃透学生。了解情况，熟悉学生，加强编写教案的针对性。在编写教案时，必须了解学生的知识水平、学习能力和经验、学习的心理状态，才能适合学生的能力、兴趣和需要，有效地指导学生学习。

（二）课堂教学设计

教学设计就是为了达到教学目的，运用现代学习与教学心理学、传播学和教学媒体等相关理论和技术，对教学活动进行系统规划的过程。包括确定教学目标、分析教学中的问题和需要、设计解决方法、确定教学策略等。与备课一样，英语课堂教学设计是课前的教学准备。它的内容是预期的，与实际教学可能有一定差距，这个差距可在教学过程中根据学情进行修改、完善。做好教学设计会使教学工作科学化，有利于教学理论与教学实践的结合，有利于教师在教学过程中根据学情进行合理地调控。

1. 新课程的教学设计与传统教案的差别

传统的教案，大都以书本、课堂为中心，只是从授知识的角度去设计。所以只要有教科书和教学用书，即可入规范的教学实践程序，即“教师是教教材”。

新课程的教学设计要始终贯穿“以学生发展为本”和“以学习为中心”的理念，着眼于学生的全面成长，促进学生认知、情感、态度与技能等方面的和谐发展；着眼于在课堂上对学生潜能的唤醒、挖掘与提升，促进学生的自主发展；关注学生的生活世界和学生的独特需要的有机结合，促进学生有个性、有特色地发展；关注学生的终身学习的愿望和能力的形成，促进学生的可持续发展。

2. 教学设计的基本流程

（1）研究《课标》。《课标》是新课程实施的基本依据，教学设计之前要认真研读《课标》，明确《课标》所承载的课程理念及本学科“知识与技能、过程与方法、情感态度与价值观”这三个维度的具体教学目标。体会《课标》中对教学活动的行为和体验的描述内涵及实施途径。

（2）研究《课标》与教材的关系。新课程中依据《课标》编写的教材一般有数个版本，内容体系各不相同，但具体到每个教师，则只能使用一种教材。所以教学设计首先应摒弃过去那种过于细致分析教材的状况，要认真研究本校所使用的教材与《课标》的关系，内容或增、或删、或换，要在充分研究课标的基础上进行。这样才能最终使教学摆脱“教教材”的局面，而进入“用教材教”的良性状态。

（3）分析教学背景。全面分析学生已有的知识基础、经验背景、兴趣需要、思维特征、学习状态、能力水平等，了解学生的客观实际需要，结合教师的自身素质和教学条件，寻找课堂教学的出发点和落脚点，为选择教学策略提供依据。

（4）确定教学目标。教学目标是预期的学生的学习结果，是教师在课堂教学中要完成的任务，是《课标》的理念在教学过程中的具体化。因此，要摒弃过去仅是几条空泛条文的做法，要有较强的操作意义。制订教学目标应注意如下几点：①符合《课标》的要求；②适应学生的特点；③符合学生的认识规律；④体现学生的兴趣要求；⑤涉及各个学习领域；⑥体现一定的层次性。

（5）整合课程资源。长期以来，中小学课程资源比较单一，教材几乎是唯一的课程资源。从新课程理念出发，教材不但不是唯一的课程资源，而且其作用呈相对下降趋势。为完成《课标》规定的目标，课程资源的开发和利用对于转变课程功能和学习方式具有重要意义。首先，让师生的生活和经验进入教学过程，让教学“活”起来；学生也是资源，改变学生在教学中的地位，从被动的知识接受者转变为知识的共同构建者；教师也是资源，要开阔教师的教育视野，转变教师的教育观念，更好地激发教师的创造性智慧。其次，要充分地开发和利用教材、学生经验、地方资源、社会资源、网上资源等有效课程资源，并结合具体的教学内容，恰当地对课程资源进行合理运用，创造性地组织教学内容。

（6）进行教学预测和决策。充分分析教学系统现状，并在上述工作的基础上，确定教学实施策略，选择恰当的教学组织形式和课程资源，合理地运用教学媒体。对教学过程中可能出现的情况做出预测，并预设应对措施。

（三）课堂自学方法指导的设计

自学是指学生独立地获取知识的一种学习活动。这是一个人一生中获取知识的主要途径之一，也是一个人“一生中最好的学习方法”。古今中外许多名人、伟人都是靠自学成才的。《课标》把发展学生的自主学习的能力作为基础教育阶段英语课程任务之一。因此，教给学生自学的方法，就是给学生以“点金”之术、“捕鱼”之法。学生如果能掌握自学方法，一生将会受益无穷。

1. 初中生学习的心理特点

（1）思维的独立性显著提高。初中生的头脑已不是一张“白纸”，他们不满足于教师和教科书的一些解释或现成的结论。初中生喜欢独立思考，敢于大胆提出自己的看法，喜欢探索、怀疑、争论和辩驳，但这个时期的学生容易产生片面性。

（2）注意力的稳定性迅速发展。随着年龄的增长，初中学生的注意力的稳定性、持久性有所增强，一般学生的注意力可持续 15 ~ 20 分钟，这为学生顺利地完成自学任务提供了保证。

（3）求导、探索、想象及创造性逐渐增强。初中生的有意想象随着学习生活的发展逐渐增强，创造的成分也逐渐增加。

2. 解放思想，相信、尊重学生

初中生自身似乎有一种先天的教育结构可以支持他们的学习。据调查研究表明，学生可以自行学习教材内容的 60% 以上。因此，教师不应该低估学生的学习能力。

一个学生就是一个独立的学习个体，一个学生就是一个独立的世界。每个学生都有其独特的人格特点和价值，我们不能幻想用整齐划一的标准要求个性千差万别的学生群体。教育者只有尽可能地尊重每位学生的个性，从学生的个性出发，因势利导，促进学生学习潜能的发挥，这样才能保证他们实现自我价值。

3. 激发学习动机，保持学习动力

学生是学习活动的主人。学生的主动性如何，学生的学习热情怎样，将在很大程度上影响自学的效果。也就是说，学生的自学效果一方面受学生学习动机的影响，另一方面则受制于教师对学生自学前的指导力度。指导得力，则自学效果好，反之，自学效果就差。因此，为了使学生能够自觉主动而有效地完成自学任务，教师既要有自学内容的指导，又要有自学方法的指导。在自学内容的指导上，教师要根据教学目标的需要提出具体明确的要求，如自学的范围、思考的内容、自学的时间、要达到什么程度、自学后教师如何检测，等等。同时，还要对学生的自学方法进行指导，如怎样看书、怎样做练习等。

二、实施策略

（一）指导学生自学

1. 学习目标的编制

学习目标是学生自学的“纲”，使学生明确学习的任务和要求，如要知道什么、理解什么、要掌握哪些内容、简单运用什么、熟练运用什么等。学习目标可起到学习定向、引起学生的注意、增强学习兴趣等作用。制定目标时要注意以下几点：对于目标的表述，要在自学内容的前面加上“记住、弄清、运用”等动词，避免使用“体会、了解、感知”等字样。讲述目标时，语速要慢，确保每个学生都能知道学习目标是什么。要有激励性，要简短，不宜过长，要有时间限制。

有了目标，也就有了问题，学生自学教材，就有了明确的目的性。他们的思维活动就具有一种解决任务的性质，从而更能积极地投入到这种活动中去。

学生自学钻研教材的过程，就是尝试用自己已有的知识去“内化”教材的过程，也是发现“知识障碍”的过程。但由于课堂自学的时间有限，要完成一定的教学目标，必须提高自学效率和效果。因此，教师要根据不同的问题要求，指导学生采取不同的自学方法。围绕新课的学习任务，从知识的发生、发展、结论等处入手，组织学生自学，初步获取信息，然后在教师的指导下进行质疑、释疑，使知识信息融会贯通。

2. 自学前的准备设计

在这一环节，教师要设法在学生的已有知识（旧知识）与材中的新知识之间铺路搭桥，找准旧知识的结合点和新知识的生长点，使学生头脑中的知识经验与要学的内容产生联系，相互沟通。准备设计的功能是“以旧识新、使新变旧，减缓坡度、自然过渡”。

3. 引学的设计

没有问题，无从思维。教师在引导学生学习新知识时，要有意地设置问题，不断向学生提出新问题，让学生自学，形成问题情境，造成一种心理紧张状态，从而激发学生深入思考。在思考的过程中，引导学生能存疑或质疑，形成一种“信息差”。学生急于解决这些疑问，形成学习意识，就要经过努力解决这些问题，使所学知识的传输更加畅通，如此往复，不断调整，来实施教学全过程。

引学设计的重点是引导学生带着问题自学要边思、边学、边疑。在学生自学的过程中，教师要指导学生运用自学符号，如勾画重点、列小标题等方法，在弄不懂或有疑问的地方，做好记号，等待教师做释疑、解疑的指导。

4. 尝试的设计

到了这一环节，学生已经初步掌握本课的学习目标。下一步是根据“目标”指出的重难点，进行一些尝试练习，巩固所获得的知识，进一步加深对知识的理解，形成基本技能，最后达到运用这些知识、技能解决实际问题的目的。

5. 反馈进解

学生通过自学能够吸收很大一部分知识，基本上能够回答引学的问题。同时，也会有一些疑难困惑的问题，因而需要教师根据学生的练习情况及时做好反馈、矫正工作。

反馈的方式一般可采取讨论式：由一个学生发言，其他同学进行补充或纠正，针对不同的观点可以争论。这样可以增强研究和探究的气氛，引发多角度思维，拓宽思路，使正确的理解得到巩固和深化，使不理解的地方暴露得更加淋漓尽致。同时，还可以培养学生口头表达能力和语言逻辑水平。

通过自学和反馈讨论，是否还需要教师讲解呢？回答是肯定的。这不仅仅是因为讨论中会暴露出一些不正确、不完善、不深刻的理解，即使是完全正确的理解，学生也期待着教师进行肯定。那么，怎样进行讲解呢？从头再讲一遍是没有必要了。一般来说，教师应该根据反馈讨论的情况进行一些评述性解释，即肯定正确、补充不完善、纠正错误，完整、准确地归纳概括知识要点即可。

6. 巩固的设计

通过尝试练习、反馈讲解后，绝大部分学生已掌握了新课内容。巩固的目的是通过进行技能训练，培养学生良好的学习习惯，对部分学生则是再次强化训练，使每个学生都达到课程标准和学习目的的基本要求，圆满完成从学习新知识到掌握、运用新知识的过渡。当堂完成巩固训练的好处，是可以实现当堂评价、当堂反馈与矫正，这也是优化课堂教学结构的要求。

（二）课堂自学的教学程序

英语课堂自学的基本程序有以下八个步骤：

（1）检查预习作业的完成情况。

（2）揭示课堂教学目标。

（3）指导学生自学。

（4）学生自学。

（5）检查自学的效果。

（6）反馈讲解。

（7）当堂巩固。

（8）当堂评价矫正。

（三）英语课堂教学模式

教学模式是指教学活动过程结构，包括教师、学生、教材之间的横向结构和学生学习活动过程的学习程序以及教师引导、调控学生学习活动过程的教学程序。它是在某种教学理论的指导下设计的教学活动过程结构，是某种教学理论框架的具体化。

如何抓住课堂教学改革这个中心环节，在素质教育课程化的基础上，通过优化课堂教学目标、优化课堂结构、优化课堂作业来实现课堂教学的素质化，是每位教师所面临的新课题。

1. 英语课堂教学模式的基本程序

（1）揭示教学目标。

（2）进行学前的指导。

（3）学生自学，教师巡视。

（4）检查学生的学习效果。

（5）引导学生讨论。

（6）帮助学生解决疑难问题。

（7）当堂巩固。

2. 课堂教学过程中教师的作用

（1）教师是“引桥”“路标”。马克思曾经说过，“人是生产力中最活跃的因素”。任何一个活动，要想收到最佳的效果，最根本的方法就是充分调动人的积极性。教学活动更是如此，教育是心灵与心灵的交流，教学是教师引导学生提高人文素养和科学素养的活动。教学活动是一个双边活动过程，如果忽视其中任何一方，这项活动都将无法正常、有序、高效地进行。因此，在大力提倡学生是教学活动中心的今天，也不可以忽视了教师的作用。事实上，在课堂教学活动中，每一步都离不开教师的指导。“这如同汽车上高速公路，没有引桥就上不去；没有路标，就可能走上岔路。教师就是高速公路的‘引桥’‘路标’，是学生学习的向导。”

（2）英语课堂教学的基本程序。

第一，揭示课堂教学目标。

目的：让学生从总体上知道本节课的学习任务和要求。

步骤：①导入新课，板书课题。②讲述本节课的教学目标。

注意事项：①制定目标要准确，如本节课要弄懂什么、简单运用什么、掌握什么、熟练运用什么等。②交代目标时，语速要慢，确保每一个学生都能知道本节课的学习目标是什么。③要有激励性。④目标的文字及讲解要简短，不宜过长。

好处：①实现目标的导向作用。②培养学生的概括能力。

第二，进行学前的指导。

目的：让学生明确学什么、怎样学、用多长时间学、必须达到的程度、届时如何检测等。

步骤：①布置学习任务。②指导学习方法。③明确学习要求。

注意事项：①明确学习内容，即让学生知道学什么。有的教材内容单一，可安排一次性学习；有的教材内容多，可视情况分几次学，但每次自学都必须讲清楚学习内容。②交给学生自学的方法。例如，听录音后回答哪些问题，或阅读后完成哪些练习等；是独立找答案，还是边看书，边与同桌讨论、解决疑难等明确学习的要求，即要多长时间，达到什么要求，教师要用五分钟后，咱们比比看，谁做得更好”的方式明确。

好处：①有紧迫感，注意力集中。②把竞争的机制引入到课堂，激发了学生的学习热情。

第三，学生学习，教师巡视。

目的：①让学生按照教师的指导，结合预习作业自学教材通过口答、默写、演示等形式，检查学生的学习效果。充分暴露学生在自学中存在的问题，并梳理归类，确定教的内容和方式。

步骤：①学生开始学习。②教师进行巡视。

注意事项：①学生学习时教师督查一定要认真，千万不能走过场。有的学生可能没有自学习惯，或不善于自学，或自觉性不强，但教师不能放任，可及时表扬自学速度快、效果好的学生，可以给后进生说几句悄悄话，帮助他们端正自学态度。②学生自学时，教师要加强调查，最大限度地掌握学生自学中的疑难问题，并整理归类，为后续教学做准备。③提问的对象以学习成绩中、下等的学生为主。

好处：①迫使每个学生都要学习。②准确掌握学生的学习情况。

第四，检查学生的学习效果。

目的：最大限度地暴露自学后的问题。

步骤：①提问。②确认。

注意事项：①检查的内容与前边的学习内容要一致。②检查的对象应该是学习有困难的学生或中等生。③尽量采用“生教生”的形式进行“确认”。

好处：①经常提问学习有困难的学生，这样他们在学习时就更不敢放松了。②采用“生教生”的形式，给好学生发挥自己优势的机会，也为班级培养了英语学科“带头羊”。

第五，引导学生讨论。

内容：①有争论的问题。②有倾向性的问题。

注意事项：①讨论后，仍然由学生来讲。②讲明为什么对，道理是什么。

好处：①讨论实质上是又一个自学的高潮。②突出了教学中的重点、难点。

第六，帮助学生解决疑难问题。

目的：通过评判、点拨、补充、更正、归纳，使学生所学知识进一步深化，进一步条理化，最终形成运用所学知识去分析问题、解决问题的能力。

注意事项：①这一环节中教的内容应该是一般学生自学后还不能掌握的内容，即自学中暴露出来的带倾向性的疑难问题。②教的方式，一般应让已掌握的学生先讲（即便是倾向性问题，也可能有人会），如学生讲对了，教师则肯定，不必重复。学生讲得不完整，达不到深度，教师要补充。学生讲错了，教师要及时更正。③教时不能就题讲题，只找答案，而要寻找规律，真正让学生知其所以然。

好处：①有助于学生在学习中积极思考、整理和归纳。②能培养学生的认知策略和调控策略。

第七，当堂巩固。

目的：使学生所学知识得到巩固和运用。

步骤：学生独立完成作业。

注意事项：教师巡视批改作业时，要及时获取信息，对作业中出现的个别问题，随时解决，确保人人达标。

好处：①减轻了课外负担。②避免了抄袭现象。

教育是科学也是艺术。教育学科发展到一定高度，必须强调教育艺术化，以增强它的吸引力，增强教育的魅力与实效性。因此，教育达到科学化而又艺术化才是教育的进步。从实践看，教学艺术就是艺术教学，教师应成为教育艺术家。教学模式虽然是教学理论和教学实践的中介环节，但与具体的教学实践相比，仍具理论性和抽象性。它要走向实践，还需要转化为能够实现某个教学模式的各种教学策略，而教学策略的灵活运用，就要靠课堂教学设计。我们学习模式是为了最终摆脱模式，走进模式是为了最终走出模式。学习而不能摆脱，走进而不能走出，得到的只能是僵化的模式，产生的也只能是教条的教学。希望广大教师能实现学习—灵活运用—创造发展这样的过程，从模仿走向创造。

第二节　初中英语教学目标

在新课程改革背景之下，如何才能使初中英语教学效果得到有效提升，是当前初中英语教学所要研究的主要问题。文章针对新课改背景下初中英语教学目标内容、教学中存在的问题及其教学改革实现路径进行探析。

一、新课改背景下初中英语教学目标的主要内容

在新课改背景下，初中英语教学目标内容主要包括三维目标的设定、关注目标的量化、将文化教学纳入教学目标体系以及注重教学目标的灵活性这几部分。由此可以看出，在初中英语教学目标的设定方面，充分体现多元化、科学化的特点，并且更加丰富和深化，充分满足了时代发展的切实需求。只有在明确的教学目标引导下，教学活动才能实现高效、有序地开展。

二、实现初中英语教学目标面对的问题

（一）教学目标不够明确

在对英语教学进行设计时或是在实施课堂教学过程中都脱离不了教学目标的引导，由此可以看出，在整个初中英语教学中，教学目标占据着不容忽视的地位。但是从有些初中英语教学中发现，英语教师对于本堂课乃至于这门学科的教学目标都未有明确的认识，在一定程度上使教学方法的采用、教学活动的开展偏离了教学目标。因此，在开展初中英语教学时必须对教学目标有明确的认识，只有这样英语教学才能得以顺利开展。

（二）教学方法需要改进

在教学目标的导向作用下，为更好地达到预期目标，需要教师与学生共同努力才能实现。在新课改背景下，学校越来越注重教学法，鼓励学生采取探究式的学习方法，这就需要初中英语教师在实际教学中不断地去探索研究。有些初中英语教师在教学方法的相关理论方面缺少系统性的认知，致使在具体的实施中缺少创新性，教学方法较为滞后，对于多媒体等教学设备不能有效地进行运用，学生无法提起学习英语的兴趣。因此，在对初中英语教学改革中，要想达成预期的教学目标，就要结合实际教学情况，不断地完善教学方法。

（三）教学环境需要进一步优化

在新课改背景下，初中英语教学目标强调必须进一步加强对学生能力的培养，特别是英语的听说读写等基本技能必须熟练掌握并运用。当前，由于多种因素的制约，初中阶段学生在英语听力、语言表达方面所需的相关硬件设施不足，缺少练习口语的语境，在一定程度上影响了初中英语的教学效果，并且学生会对学习英语逐渐失去信心。因此，在完善和提升初中英语教学效果的过程中，必须不断优化和改善教学环境，为学生营造良好的学习氛围，从而促进初中英语教学目标顺利实现。

（四）教学评价体系仍待完善

教学目标和教学评价是相辅相成的，教学目标是教学评价的标准，教学评价只有在目标的引导作用下做出有针对性的评价，才能对当前英语教学是否满足标准要求做出有效的判断。就目前的情况来看，初中英语教学主要采取标准化测验和总结性评价，其具备一定的客观性和效率，但在实际运用中发现，初中学校在教学思想上较为偏向于以分数作为主要的评判标准，致使教学评价应有的激励与促进作用未能充分发挥出来。尤其是对于那些英语学习落后生，由于没有掌握科学的学习方式，致使在学习英语上存在着一定的难度。因此，如果单凭分数作为评判学生学习效果的依据，则对学生学习英语的信心十分不利。这就需要进一步改进教学评价方法，从而使其发挥应有的激励与促进作用。

三、新课改背景下初中英语教学目标的实现路径

（一）充分明确新课改教学目标

当前，为使初中英语教学改革的要求得到有效的满足，学校管理人员必须充分调动教师的积极性，对新课改的内涵进行深入研究学习，并与教学实际情况进行有效结合，对英语教学目标的内容和意义进行充分明确，使英语教学活动在目标的引导下得以顺利开展。只有从思想上真正认识新课改对英语教学所具有的意义，才能避免在以后的教学方向上出现偏差。要对于新课改中提出的培养学生情感、态度以及价值观等方面的要求进行深入研究体会，注重培养学生学习能力、创新能力，丰富学生的情感，增强学生对英语的综合感知能力，这是当前英语教学的重点。在英语教学实践中，要保证课堂教学的有效性。首先，要把握宏观问题。一是从宏观上把握新教材，对新教材的内容进行必要的增删，尽可能扩大学生的视野和知识面，向学生补充一些相关知识或启发学生在教学之外思考和讲述相关知识；二是宏观把握学生学习情况，全面评价学生的知识水平、学习能力和承受能力，采取科学有效的方法进行教学，达到预期效果。其次，运用相应的宏观检测手段，及时反馈学生的学习情况，并提出相应的补救措施。这样，课堂教学的有效性将大大提高。另外，兴趣是最好的老师，教师在设计教学任务时，应根据学生的生活经验和兴趣，设置悬念，激发兴趣。

（二）对英语教学方法进行创新

在初中英语课堂教学中，首先，要采取科学合理的教学方法，只有教学方法得当才能更好地达成教学目标。在初中英语课堂教学中，要充分运用并发挥多媒体等多种教学设备优势。通过利用各种教学辅助手段，使教学内容得到极大的丰富，这样学生学习英语的自主性和能动性才能被充分调动起来，从而积极地参与到学习当中。比如，通过创设英语句子、对话，以及创设具体情境，充分发挥学生的自主合作学习能力。学习英语的最好方法

是让学生在特定的教学情境中感知语言，在感知语言的过程中体会到语言的真谛。其次，要创新教学过程。教学过程是师生交往、共同发展的互动过程。创新教学过程要求教师处理好传授学生知识与培养学生能力的关系，精心设计课堂教学，优化课堂教学结构，注重培养学生的自主性、能动性，引导学生提问、探究，并要求教师改变传统的教学模式，让学生能够在其指导下学到英语知识。在课堂教学中有很多教学方法可以运用，这些教学方法也不是一成不变的。教师要善于通过优化各种教学方法进行创造性教学，提高课堂教学的有效性。此外，教师应积极探索并研究教学方法，对教学方法进行反复推敲，总结经验，并通过群策群力积极应对教学中存在的不足之处，从而使问题得到有效解决。还应注意的是，在创新教学方法过程中，必须顺应英语教学的发展规律，特别是要与学生身心特点及教学发展规律相符合。只有科学合理地运用教学方法才能实现预期目标。

（三）优化初中英语教学环境

在新课标背景下，初中英语教学目标的设定更为丰富与完善。与此同时，教学目标也对教学环境提出了更高的要求，这就需要初中英语教师对教学环境进行不断地优化。首先，英语教师需要争取相关部门的支持，配备英语教学过程中所需的硬件设施，使环境得到应有的优化，特别是教学软硬件、阅读角以及听力教室等都需要进行不断完善，以此使学生的英语学习环境得到良好的改善。其次，要营造和谐融洽的教学氛围，并注重班级管理。英语学习必须要建立在良好的互动交流上。在英语教学过程中，只有师生之间建立起亦师亦友的关系，才能更好地促进学生学习英语。因此，初中英语教师必须在语言表达能力上进行不断提升，使自己在教学上更加具有亲和力，进而拉近师生彼此之间的距离，从而为教学目标的实现打下坚实的基础。

（四）不断完善教学评价体系

在实现初中英语教学目标过程中，教学评价发挥着严格把关的作用。不管是教师评价还是学生自评，其目的都是服务于教学以及教学目标。因此，为了满足教学目标的要求，必须充分考虑教学大纲的相关要求，不断完善教学评价方法。这就需要我们对学生在学习英语中所表现出的差异性予以充分考虑，在评价时要注重个性化和人性化，使评价发挥其应有的激励作用。此外，也可以学习、借鉴西方国家对学生采取的个性化评价方式，例如学生档案法、课堂观察法、问卷调查法、访谈法等。在英语教学评价中，以学生作为教学主体具有很大的可行性。在教学过程中，教师要自觉学习和运用多种评价方法和工具，有效地评价课堂教学效果，并及时与学生进行沟通和指导，使学生能够在教师的帮助下全方位地反思自己的学习情况，不断改进，得到更快的发展。德国著名教育家德斯多威说：艺术教学的本质不是传授技能，而是启发、唤醒和鼓励。可见，无论采用何种评价方法，都要坚持让学生体验学习的效果，通过评价树立自信。只有把评价作为学生学习的动力，初中英语教学才能更加有效。在实际教学过程中，教学评价不仅要关注学生的当前表现，更要关注学生的未来发展，关注每个学生在原有水平上的发展。只有有效地发挥英语教学评价方法的激励作用，才能够更好地达成初中英语预期的教学目标。

新课改对初中英语教学目标提出了更高的要求，为了充分满足这些要求，就必须在初中英语教学过程中对教学方法、教学环境以及教学评价等进行优化和改善。只有这样，才能获得预期的教学效果，有效地激发学生学习英语的兴趣，使之积极主动地参与到学习中，从而培养出时代发展所需的人才。

四、初中英语教学的目标设计

教学目标是一切教学活动的出发点和落脚点，进行科学的目标设计对于开展有效的教学具有重要的意义。初中英语教学目标的设计要体现主体性、层次性、系统性、可行性、可验证性等特点，通过目标的设定及目标的达成不断提升课堂活动的价值和效果。

教学活动要以设定目标任务为前提，教学目标是一切教学活动的出发点和归宿，目标设置的内容直接影响教学过程的走向，设置得是否合理直接决定教学任务能否顺利完成。因此，无论是在课程开始之前还是在每节课之初，都要设置明确有效的教学目标。对于初中英语而言，要结合学科自身特点以及学生的知识结构、领悟水平，制定属于本学科的目标任务，并在实施教学的过程中不断调整、优化和完善目标，最终能够运用预先设计的目标检验学生知识掌握的程度和学习效果。

（一）英语教学目标之五个维度

就一般意义而言，英语课堂活动设计应该以能否促进学习者学习的发生为基本目标和方向，主要围绕培养学生的综合语言运用能力而展开。新课标对这一目标又进行了细化，即培养学生语言知识、语言技能、情感态度、学习策略和文化意识五个方面的能力。这就要求学生在掌握基本的英语语言知识和运用基本的语言技能之外，在情感培养、学习方法以及文化意识等方面都有一定程度的发展。作为教师，在教学中要深度挖掘教学内容的多元利用价值，从全面培养学生综合语言运用能力的五个维度考虑，确定具体、明确、符合学生认知水平和发展需求的教学目标。

（二）目标设计之败笔

1. 目标太过宏观，操作性不强

英语教学的总体目标是培养学生的综合语言运用能力，但在具体课程的学习中，又要根据不同课程设定具体的教学目标。听、说、读、写作为英语学习的四项基本技能，其目标设定和具体学习方法就应当各有不同。有的老师在一节课上提出的目标是“努力培养学生听说读写的综合能力”“培养学生合作意识和人际交往能力”，这样的表述太过宏观，学生通过这一目标无法知道自己要做什么、怎么做，即使做了也不知道效果如何，这就说

明目标的设定操作性差，也不具备可检测性。

2. 目标脱离实际，难度过大

教学目标的难度定位要符合学生的认知水平，难度必须高于学生的原有水平，但不高于学生在教师协助下可能达到的最高水平，难度过低或过高都是无效的。难度小，设定的目标没有指导意义；难度偏高，即使提出的目标看起来十分完美，但由于脱离实际，违反了学习者的学习规律，注定无法实现，学生的积极性受到挫伤，更不利于教学活动的开展。

3. 情感培养不够或太泛滥

课程标准中的情感态度指兴趣、动机、自信等影响学生学习过程和学习效果的相关因素，在教学中，对于情感、观点、态度的灌输要把握好度。有的老师不重视情感观点的培养，认为英语知识和技能的掌握更加重要，整个课堂沉浸在单调乏味的词语、语法、句子的学习中，脱离了背景知识，学生觉得枯燥乏味，无法激起对英语的兴趣和信心，也无法形成正确的情感与态度，这对提升学生的语言能力和思维能力都无益；相反，有的老师在英语课堂上大谈故事背景、人文地理，貌似生动有趣，实则已经脱离了英语教学内容，同样是不可取的。

（三）目标设计之有效性

1. 主体性

传统的教学以教师为主体，一切教学活动均围绕老师的授课内容而展开，所体现的也往往是教师的教育理念、教学方式及思维意识。当前的新课程理念要求我们制定目标时要以学生为主体，要强调学生学会了什么，学会了多少，而不应是教师教会学生干什么，纠正学生的什么错误等。

2. 系统性

无论是听说读写这四个方面的训练，还是语言知识、语言技能、情感态度、学习策略和文化意识这五个维度的培养，尽管在学习过程中涉及不同阶段、不同内容、不同水平、不同难度会设置多种目标。但在总体上，这些目标要相互联系，相互促进，构成一个完整的知识体系。同时，各种层级的目标要体现连续性，学生在持续的学习中循序渐进地掌握知识和技能，并在情感态度、学习方法及思维能力等各方面都能得到永续的提升和发展。

3. 可行性

课程目标的设计不能脱离实际，看起来完美的目标如果最终落不到实处也是徒劳无益的。可行性的一个前提要求就是在制定目标之前，教师要对学生进行深入的观察或者进行一定程度的测试，对学生知识结构和学习水平有了基本的掌握，这样设置的目标才会具备可操作性。

4. 可验证性

目标不仅是教学的目的所在，它更是检验学习效果的有效工具。我们在目标描述时应尽量少用思想性的词汇，诸如“让学生领会……”或是“使学生理解……”，这样的表述缺乏精确性，很难检测出学习效果到底如何。相反，应当尽量使用一些行为性动词，如“学生掌握了哪些单词，学会哪些句法的运用”等等。

总之，英语教师要高度重视课堂目标的设计，避免将目标设计形式化。要真正利用好目标的导向性功能和检验性价值，把新课程中的教学理念转化为课堂教学实践活动，从而提高英语语言学习实效。

五、初中英语教学目标设计要注意的几个方面

规范、准确、具体、可操作、可检测的教学目标，是保障课堂教学有序、有效实施的前提条件。只有科学、规范、合理、有序地设计和叙写教学目标，才能有效地实施英语课堂教学。教师要认真钻研教材，以英语教育教学理论、英语课程标准为设计的原点，以课程总目标和分级目标为参照标准，以教学参考书为参考，根据教材编写顺序和原则，根据教学话题和内容，从学生学习需求和现有水平出发，设计和确定课堂教学目标，以提高课堂教学效果，适应学生发展的需要，促进学生积极主动地学习，不断提高学生的人文素养和综合语言运用能力。

课堂教学需要明确、具体、可行的教学目标。教学目标是教学的出发点和归宿，是期望学生在完成学习任务后达到的程度，是预期的教学效果，是设计、实施、评价教学的基本出发点。《义务教育英语课程标准》从课程目标、内容标准、实施建议等几个方面给广大教师提出教学要求和建议。然而，在具体教学过程中，教学目标的确定和表述仍然存在很大问题：以教师而不是学生作为目标的主体；以教学内容代替教学目标；以课标上的分级目标作为课时目标；目标表述不全面；目标表述缺乏可操作性和可检测性，等等。这些严重影响和制约着课堂教学的有效实施和评价，影响课堂教学的效率，不能发挥教学目标导学、导教、导评的作用。笔者结合自身教学实践，认为初中英语教学目标设计要注意以下几个方面。

（一）规范

教学目标的设计要遵循英语课程标准对于各级目标的表述，遵循英语学科的特点；要根据学年教学目标、学期教学目标和单元教学目标确定课时教学目标，避免教学的随意性和盲目性；要遵循“以学生为主体的原则”，真正实现“让学生成为课堂的主体”。

1. 目标的主体应是学生，而不是教师

教学目标是对学生在教学后达成的效果的期望，是实施教学和评估教学效果的基本出发点。教师要注意以学生为主体设计教学目标，表述教学目标不应该强调教师自己的教学

行为和效果，应描述学生在教师或者同学的帮助下学会了什么、能做什么以及怎么做。教学目标表述的基本框架应为 By the end of this class，the students will be able to... 这样的表述凸显了学生的主体地位，体现了教师的教学中心和重点，教师由关注“自己的教”转变为关注“学生的学”，真正体现“以学生为主体”的教学理念。

2. 目标的表述应遵循英语学科的特点

《基础教育课程改革纲要（试行）》中指出了三维目标的概念，即知识与技能、过程与方法、情感态度与价值观。不少教师习惯于从这三个维度来设计教学目标。然而，英语学科课程标准根据英语学科的特点，将过程与方法细化为学习策略目标，将文化意识从知识与技能目标中分化出来加以凸显和强调，为教师设计教学目标提供了更为具体和符合学科特色的操作框架。所以，教师设计英语教学目标要从语言技能、语言知识、情感态度、学习策略、文化意识五个方面进行表述。以语言技能、语言知识、情感态度、学习策略和文化意识五个方面共同构成的英语学科总目标，有利于发展学生综合语言运用能力和思维能力，全面提高学生的综合人文素养。

（二）准确

义务教育阶段英语课程的总目标是通过英语学习使学生形成初步的综合语言运用能力，促进心智发展，促进人文发展。教师要以课程标准作为设计的依据和出发点，以教学内容作为设计的切入点，以班级学生实情作为设计的落脚点，根据课标分级目标和学生的已有知识和能力水平制定适合学生实际的教学目标，切不可过度地拔高目标或者随意地降低目标。

1. 全面考虑语言知识内容，整合制定语言知识目标

语言知识包括语音、词汇、语法、功能和话题五个方面。教师要根据单元教学内容和单元目标，从多个角度分析语言知识的作用和价值，充分考虑语言知识之间的联系，制定语言知识目标。教师可以根据课型和学生实情去分析和考虑哪些知识需要学生了解或者是理解，哪些需要学生运用或者灵活运用，这些知识有多少学生可以掌握……在此基础上制定合适的教学目标。

2. 认真分析教材，确定语言技能目标

语言技能包括听说读写四个方面的技能以及这四种技能的综合运用能力，教师要以“能做什么”来表述语言技能目标，即学生在这一节课后，能运用某一项技能或几项技能来完成具体的活动或任务。需要注意的是，课程标准分级目标对于语言技能的表述综合而广泛，不能直接照搬为某一节课的语言技能目标。教师要认真分析教材，根据单元话题和学情确定具体的语言技能目标。如“能用以下词汇描述朋友的外貌和性格”“能用以下词汇复述课文”“能根据所听到的内容完成信息图，并介绍你自己的朋友”，等等。

3. 结合教材制定贴切的情感态度目标

积极的情感态度有利于促进学生主动学习和持续发展。英语课程标准就动机、兴趣、自信、意志、合作精神、祖国意识和国际视野等方面，提出英语教学中要努力渗透和达成的情感态度目标：第一，教师不能照搬课标中的初中阶段总的情感态度目标，如学生能够对英语学习感兴趣、具有合作精神、对英语学习表现出较强的自信心等，这样的照搬不利于目标的达成和实施。教师要结合单元话题和教学内容确定贴切的情感态度目标；第二，情感态度目标的确定要符合课时的教学内容，不能与教学内容和话题脱节；第三，情感态度目标的达成应主要是隐性渗透，而不是“说教”或者“课堂中长时间直接进行情感态度教育”。情感态度的渗透应贯穿教学过程的始末，引导和帮助学生通过体验、感受、换位思考等方式提升学生的情感体验。

4. 善于挖掘教材中隐性的学习策略目标

有效的学习策略有利于提高学习效率和发展自主学习能力。英语课程标准从认知策略、调控策略、交际策略和资源策略四个方面制定了二级、五级、八级目标要求，对小学、初中、高中毕业分别提出目标要求。然而，教师在教学设计时往往更多地关注明显的语言知识和技能目标，忽略学习方法和策略目标，无法落实课标对学习目标的要求。教师要认真分析教材，针对不同的教学内容设定合适的学习策略目标。如：能根据标题预测文章内容；能通读文章，找出文章的主题句；能利用图表收集、归纳课文中的信息；能推测作者的写作意图，等等。

5. 从文化知识和跨文化意识、能力等方面制定文化意识目标

文化意识有利于正确地理解语言和得体地使用语言。英语课程具有工具性和人文性双重特性。教师要根据教材中的以话题为主线的中外文化知识，制定文化意识目标，引导和帮助学生了解和理解中外文化差异，提高学生对中外文化异同的敏感性和鉴别能力，提高跨文化交际能力。

（三）具体、可操作

具体、可操作的课堂教学目标是有效课堂教学的前提。可操作是指从教学目标的表述就能知道课堂中学生的学习过程以及学习方法。教师要能充分考虑学情、班情、教学内容的难易度，表述教学目标的完成条件以及是否有一些限制条件，如是否允许学生使用字典、网络或者其他工具；是独立完成还是两两对话，抑或是小组讨论；是否提供信息支持（如根据提示、根据图表、根据教师板书等）；是否有时间限制（如在 5 分钟内进行）。只有明确了教学目标的这些完成条件，教师才能更有的放矢去设计教学活动和组织课堂教学，而不是在课堂中随意地临时去安排。也只有这样，教师才能在具体的课堂教学中根据学生情况，随时去调整和修正目标，更好地优化课堂教学，更有效地达成课堂教学目标。

（四）可检测

教学目标的表述要有助于学习效果的检测。每节课的教学目标设计都要遵循可检测性的原则，表述学生通过本节课的学习所取得的知识、能力、方法和情感等方面的变化。部分教师喜欢用理解、明白、掌握、学会、复习等抽象的动词来描述教学目标，无法体现目标的可操作性和可检测性。美国著名教育学家布鲁姆在《教学目标分类学》中将认知领域按梯次由低级到高级分为知道、领会、运用、分析、综合和评价六个层次，为教师设计教学目标提供了很好的科学依据。在表述目标时，教师可以用一些可检测的动词如朗读、说出、谈论、辨认、区别、列举、背诵、复述、解释、说明、概述、改写、推断等。例如，译林版牛津初中英语八上 Unit7 Seasons Reading 是关于季节的诗歌，笔者设计了这样的教学目标：能辨认诗歌中押韵的词；能正确、流利、有感情地朗读诗歌，读出诗歌的韵律感；能根据诗歌仿写片段；品读诗歌，找出诗歌中的优美词句。目标中的辨认、朗读、仿写、找出等动词均为可操作、可检测的。目标的准确表述有助于教师组织课堂教学，检测学生的课堂学习效果。

总之，规范、准确、具体、可操作、可检测的教学目标，是保障课堂教学有序、有效实施的前提条件。只有科学、规范、合理、有序地设计和叙写教学目标，才能有效地实施英语课堂教学。教师要认真钻研教材，以英语教育教学理论、英语课程标准为设计的原点，以课程总目标和分级目标为参照标准，以教学参考书为参考，根据教材编写顺序和原则，根据教学话题和内容，从学生学习需求和现有水平出发，设计和确定课堂教学目标，以提高课堂教学效果，适应学生发展的需要，促进学生积极主动地学习，不断提高学生的人文素养和综合语言运用能力。

六、基于核心素养的初中英语教学目标设计

要想培养初中生的核心素养，学校与教师必须要从社会与人的发展角度出发，制定与落实“立德树人”的初中英语教学目标，进而有效提高英语课堂教学的实效性。对此，本节从核心素养的教学设计、教学内容以及教学评价等方面展开，具体谈一谈如何做好初中英语教学目标设计工作。

众所周知，教学目标是指教师课堂学习活动的预期结果，亦是课堂教学成果的价值体现，其决定了一堂课教学内容的安排、教学设计的制定以及教学评价的参照标准。在人文素养理念下，要求教师在设计教学目标时，必须将培养学生的思维创新能力、学科素养能力以及良好人文情怀等内容融入其中。因此，我国初中英语教师在开展教学活动时，应当将设计科学、准确的教学目标作为教学的首要工作，从核心素养、立德树人的角度出发，如此才能促进课堂教学效率的提高。

（一）基于核心素养培养学生的语言应用能力

龚亚夫教授曾经说过，多元目标英语的设计是通过语言学、心理语言学以及社会学等理论体系建构起来的。它与我国现行的基础义务教育的整体教学目标相似，不但具有严谨的科学性、系统性以及合理性等特点，而且对于教师展开的组织教学活动起到良好的指导作用。例如，2012 人教版八年级上册的《Where did you go on vacation?》中，要求学生掌握和应用旅游、城市等相关词汇及用法。但是许多学生并未有出国或旅游的经历，因而对马来西亚、纽约、故宫博物院与香港等地方不熟悉，所以在正式上课前，教师可以先收集更多旅游城市、风景名胜的照片、风土人情的资料介绍等信息，并在课堂上展示给学生观看，如此学生才能在脑海中形成深刻的记忆。随后组织学生进行“你问我答”的教学活动，如 A 同学：“Where did you go on vacation?”，B 同学答：“I went to the mountains on Penang.”A 同学：“Penang？ Where？”……等问答对话。在课后，教师可以布置给学生课后作业，即要求学生从地理位置、景点、人物与动物等方面去综合了解课文中提到的国家，并将自己的理解与感想用英语写下来。如此，进行科学准确教学内容定位，不仅将以往的单一语言交流目标转变成多元的语言交流目标，培养了学生良好的思维能力与创新能力，还促进了学生英语语言应用能力与社会文化学习能力的提升。

（二）基于核心素养培养学生的思维创新能力

语文、英语等语言类课程的设置，均是以社会及政治思想文化体系为基础，并在教学中对这些价值体系进行阐述与呈现，引导学生达成共识。因此，教师在进行多元教学目标设计时，应当以社会文化、思维认知以及语言交流等目标作为核心内容。同时，把核心素养目标、体现英语教学价值的理念等相关任务设计融入进去，最终与学生的实际生活相结合展开教学。在 2012 人教版七年级上册的《Do you like bananas?》的教学内容时，教师可以引导学生参与用肢体语言表达不同水果种类的教学活动。首先，教师进行肢体表演，随后令学生根据动作演示猜测出表演的水果，进而让学生进一步了解更多的水果种类，对水果知识有更明确的认知。为了有效调动学生的学习兴趣，教师可以用形容词来描述水果，并让学生进行猜测，如 red、face、kid 等相关词汇，而学生很快就能猜测出这是 apple。接下来，在阅读教学环节中，教师可以设置一个开放性的问题引导学生进行思考，可以将“What kind of fruit do you like?”作为题目，引导学生从喜欢的原因、水果特点、外形特征等特点来描述自己喜欢的水果，从而有效发展学生们的思维驱动力与创新力，如此不仅可以有效检测学生对于课程的学习程度，而且还能激发他们不断创新、不断进步、不断思考的良好素养能力。

（三）基于核心素养培养学生的开拓进取意识

在核心素养的视角下，进行初中英语教学评价定位，要求教师必须进行真实性评价，即通过学生成长档案、课堂表现性与各种个人评价等形式，对学生进行综合英语语言学习评价。在七年级下册的《What did you do last weekend?》中，针对学生的朗读能力进行课堂学习评价时，教师可以从三个方面进行综合评价：一是熟练朗读并理解课文文本的学生可以得到一颗星；二是分角色、带有丰富情感色彩地去熟练朗读文本的学生，能够得到两颗星；三是分角色、带有丰富情感色彩，并可以通过表演形式将文本呈现出来的学生，可以得到三颗星。但是，对学生进行分层次的文本朗读形式，要求教师必须要在充分了解学生认知特点的基础上进行的，只要学生可以完成相应的任务便可以获得奖励，如此一来，为了获得奖励，学生便会奋发向上、努力学习，从而有效地培养了他们的开拓进取意识，最终促进教学目标的实现。

综上所述，我国初中英语学科核心素养理念提出教师要从社会与人的发展角度出发，进一步落实与实践“立德树人”的教学目标。所以，教师在进行初中英语教学活动时，必须要以核心素养的理念作为教学活动的导向，从而科学设计出一堂英语课的合理教学目标。如培养学生的思维创新能力、语言应用能力与开拓进取意识，注重社会文化与思维认知等目标的融入、人文性与工具性目标的共同发展，如此才能有效促进学生英语学科核心素养能力与思维创新能力的不断发展。

第三节　初中英语教学规划

教学中的环节是不能少的是备课最为重要，教师只有备课工作做好了，才能保证教学有效有序地进行。课堂教学是知识传授的过程，教师在这个平台上传道授业解惑，在对遗留下来的问题或者未完成的教学工作则可以通过课后工作来加以补充。除此以外，教师还要对课堂内外所要涉及的相关问题进行思考和解决，并努力丰富自身的知识层面。

一、备课

作为一名教师，在进入课堂教学之前，就要做好充分的、丰富的备课准备工作。这一堂课上的成功与否，关键取决于备课的准备是否充足。学生来学习的目的是为了获得知识和学习的方法。那么，教师要充分站在学生的立场上思考教学和备课。有这样一句话：“备课就是备人”。不可否认，如果一个老师没有站在学生的角度上去了解他们，没有正确按照学生的水平和阶段来有针对性地去备课的话，那么他在课堂教学上是没有目的的，在教学的过程是不成功的，教学的成果也是不见成效的和失败的。备课一定要仔细，不能因为只是一个非常细小的知识点而把它遗落下来，哪怕是标点符号。来学习的学生们渴望知识，老师们要时刻记住，自己有这一份责任去教好学生，为他们负责，也是为自己的工作负责。

教师应按规定制定短期的教学工作计划。在认真学习教育教学理论和专业理论的基础上，教师备课要做到“八备”，即：备课程标准，备教材，备学生，备教案，备教法、学法，备教学器材，备情感、态度、价值观和备习题。教师应该认真学习所教学科的课程标准，理解课程标准的指导思想，用创新的思维和理念指导教学实践。同时，教师应明确重点章节和重点课文，做到全盘统筹，安排和实现好授课计划。

教案要按课时来编写。教师上课必须有教案，并且要独立完成，写教案要详细，而且教案必须要包括下列的内容：教学目标、教学分析、教学方法、板书设计、课外作业布置和教学后记等。教师要全面的理解学生，理解所教年（班）级学生的生理和心理状况，理解学生的学习目的、学习态度、知识基础，智力状况和接受能力等，在这些基础上，研究分层次教学。

就英语来说，涉及词汇、句型、短语和语法等知识点的整理、归纳和总结。在此当中，所有的知识点大部分都归纳在语法的范围之内。老师需要在备课的过程中以认真的、集中的状态来备好这一节课。如果光是依照课本笼统的提到的句型或词汇，表面的来讲课是远远不够的。这样的课堂会显得很单调，学生会学不到系统性的知识，从而对课堂产生厌倦感，甚至讨厌学习英语。那么，老师应该怎么做呢？这时，老师就需要查阅相关的英语资料，像课内辅导书、语法书和课外的英语书籍等。但前提是，查阅的书籍要符合老师目前的教学阶段和水平，绝对不能滥竽充数。查阅相关资料的目的是为了丰富备课内容，为了让学生吸收更好的更全面的知识，为了更好地巩固教学效果，为教学负责。

二、课堂教学

备课工作准备好之后，接着是课堂教学，教师要依照备课的方案及内容来上课。教学是教师教与学生学的双方互动性过程。抽象的说，也是一种知识的输出与输入的过程。

教师在课堂教学当中，需要把教学与练习相结合起来。练习是把知识转化为技能，并进一步深化知识的过程，是提高课堂教学效率的一个重要组成部分。练的目的就是为了给学生一个实践和检验的平台，有针对性的练习，能让学生更好地掌握这一堂课所教所学的知识。学生应该对此重视，配合老师，多做练习，从而提高综合运用知识的能力。理论与实践相结合，实践检验真理；那么，在教的阶段里，用练习来检验教学的效果和收获是再合适不过的。在课堂教学的过程中，学生会遇到一些各种各样的学习问题，对于学习初一英语的学生来说，他们遇到的问题相对比较简单，一般在词汇、句型和语法上。他们需要掌握的词汇量少、句型和语法也都简单，他们需要做的是打好基础，对英语有初步的入门认识。同词汇一样，语法是学习英语不可缺少的一部分。很多的学生会问：老师，这个句型为什么会这么放？为什么以元音开头的单词要用不定冠词 an 来修饰？什么叫特殊疑问句？等等的问题。有一些问题是可以解释的，而有些则解释不了，这些就涉及英语中固定的搭配和语言的规范及语法。英语的语法教学是培养学生获得英语语言内部结构的一般规则的教学活动，是帮助学生准确地表达思想，更好地进行听、说、读、写等语言实践活动的基础。由此可见语法非常的重要。

那么，教学练习可以是以课堂师生互动对话、提问与回答、课堂作业和课后作业等的形式来实现。为了便于学生活动，教师在备课时应在为自己设计教案的同时，按照课堂教学五个步骤的教育教学内容为学生设计同步练习的题单和学案，列出教学重点、难点、知识点、能力点、教育点，以及与教学同步的诸如模仿、替换、填空、选择、转换、补全对话、思考、讨论、辩论等口头或笔头的练习题或检测题，来供学生在不同阶段活动时使用，也是考查学生平时表现的依据。教学的目标要科学、具体、准确，切忌一般化和抽象化。

教师在进行课堂教学之前需要备课，在保证教学质量的情况下，教师可以对个别学生做有针对性的课后辅导。备课是一项必不可少的工作，它为顺利进行课堂教学做好了充分的准备和保障；课堂教学和课后辅导是相对艰巨的工作，它是教师传道授业解惑的重要步骤。此外，作为教师，还要考虑到其他方面的问题，为做好学生的工作而贡献自己一分力量。

第四节　初中英语课堂教学设计

一、初中英语课堂教学设计“五有”原则

英语课堂教学设计的优劣是能否顺利提升学生英语学科素养的前提和基础。遵循“五有”原则是实现英语课堂教学设计最优化的有效途径，是对课堂教学具有指导和修正作用的有力武器。深刻地理解并在教学实践中运用“五有”原则必将对提高初中英语课堂教学质量起到应有的促进作用。

大家都知道，最近几年我们一直都在进行基础教育课程改革；在进入了改革的新阶段，我们教师本身的教育教学观念和意识也在发生着变化；在不断适应、顺应改革大潮中不断反思、总结、摸索能够符合更新的教育理念，符合新课标对学科教学要求的有效途径。但在这一过程中，现实的情况又突兀在我们眼前，那就是：新课程的理想课堂究竟是什么？或者说符合新课程标准的理想课堂究竟是什么？还有就是如何在新课程的教学理念和新课程标准的平台上确保课堂教学质量的提高？如何实现学生英语学科的提升？在初中英语教学的过程中，我们同样面临着这样的问题。如何才能突破困境，实现新课标的要求？如何达到教与学的有机结合？如何达到教师与学生的和谐统一呢？笔者个人认为，就是要坚持做到课堂教学有效性的最大化。换种说法，就是要做到在课堂教学设计最优化的前提下，结合教师的知识结构、理论水平、教学经验、个人综合素质、具体教育环节处理能力乃至教师个人的人生经历与体验来达到学生“情感、态度、价值观”“学习过程和方法”“知

识与技能”三重收获的最大化和实现学生英语学科素养提高的目的。那么实现这一目的的基础就是课堂教学设计最优化和最具有效性。在这里，笔者根据自身十几年来的教学实践和经验，做出如下总结：在初中英语课堂教学设计中一定要遵循“五有”原则，具体叙述如下。

（一）原则一：有趣

兴趣是激发人类不断探索的动力，也是最为持续和有效激发潜力的催化剂。人类对知识的探索、学习过程不断体现了兴趣的巨大能量。对初中生而言，兴趣在他们学习中的促进作用更为明显，所起的作用也更为有效。所以我们的课堂教学设计必须始终紧密地围绕“有趣”这一原则。这一原则，就是要求我们进行课堂教学设计时要努力做到以下几点：

1. 旧知识复习的方法要有趣；2. 新知识呈现（语言输入）要有趣；3. 新知识的操练方式要有趣；4. 利用新知识交际、运用方式（语言输出）要有趣。这就要求我们充分结合初中生的心理特点，充分调动学生“眼、口、手、心”的全情投入；利用多媒体、图片、实物创设日常生活情境，甚至可以借助学生们喜爱的卡通人物、游戏等来设计，既保证学生有眼观的体验，又有手动的参与。那么，教师就要有具备挖掘学生兴趣点的能力，通过自身的学习和经验的积累来创设一种让学生置身于“热情沙漠”的氛围，不断在教师的带领下征服一座又一座学习的沙丘，寻找到水源的欲望。

（二）原则二：有序

顾名思义，教学设计要有次序。那么是什么次序呢？就是要遵循由浅及深，由简入繁的原则。在教学设计中的任何环节，我们都要有意识地安排，尤其在新知识的呈现环节，要着重考虑突出重、难点的过程和步骤，尽可能做到从旧知识的复习到新知识呈现的步骤要逐渐深化，把重、难点有效分解，使学生跟随教师精心设计的教学步骤，自然而然对当堂教学内容形成一个清晰的脉络，形成新旧知识的内在联系。这就让学生真正做到理解，那记忆就更不成问题了。在教学实践中，我们一定要避免出现一种情况：教师不经过任何步骤，直接呈现新知识，没有过程性地导入和逐步提升；学生没有经过自身大脑的探索、思考和总结，而是直接就接触到当堂课的重、难点。这样产生的最直接的不良后果就是，学生对新旧知识之间的内在联系缺乏质的理解，而是靠单纯的记忆，无法达到学以致用，灵活使用的目的。

（三）原则三：有新

我们的教学设计要保持“有新”，就是要求在教学设计中要体现新意，有创新。而且，要思考如何做到突出新意与趣味相结合；如何使学生在课堂上能怀着浓厚的兴趣来接触、了解新的知识和新的解决问题的方法。这种创新的思维不只局限于新知识的呈现方式新颖，而是要贯穿于整个教学设计、整堂课中。比如说，新知识的操练、巩固方式（包括课后习题）

等要力求创新。在教学设计不断创新的过程中，学生也会有学有所得的收获感和成就感。

（四）原则四：有度

在这里，我所说的“度”，包含两种含义：一种是梯度，一种是高度。梯度，就是要求我们在进行教学设计时一定要考虑到学生（全体）的现有知识水平和基础，安排阶梯式的渐进式步骤。尤其在新知识的巩固和输出、提高阶段设计的操练和实践方式一定要遵循这一原则；对高度而言，就是要让学生（个体）在原有水平和基础上，拔高到一定的高度，既要基于基础，又要高于基础。对处于不同水平阶段的学生，教学设计要有意识地进行创设，使每位学生都能经过自身努力，跳一跳就能摘到“桃子”。基础较扎实的同学能达到较高水平；基础较薄弱的同学也能够在原有基础上得到一定的提高。尤其是在知识的巩固阶段（包括课外作业巩固）都要有意识地进行安排，使每位学生在每节课的课堂学习和课后的温习中都能渐进地取得原有水平基础之上的提高。

（五）原则五：有效

有效性是我们进行教学设计时必须始终考虑的，是进行教学设计的出发点和终极目标。我们要以精心规划的教学设计为载体，通过课堂教学为实践手段，达到学生学科素养提升目标的实现。那么，检验教学设计有效性的手段是什么呢？那就是检验学生能否顺利进行“语言输出”（包括口头与书面），能否实现顺利、无障碍地交际，能否实现学业成绩的切实提高。这就要求我们必须有可以切实感知和验证的，可操作的方法。比如，可以创设一些交际情境来检验学生的口头输出能力（如“对话”）；设计一些书面题目来检验学生的书面输出能力。此时，我们可以认真地参考平时测试对学生书面能力考查（知识点掌握和运用等）的要求；精心设计一些富有新意但又能紧扣能力考查的题目，采取形式多样、富有趣味的题型来检验。同时，利用班级、学校的各类资源，进行一些既具有创造性又具有广泛参与面的课堂活动来巩固和检验学生对某一阶段知识的理解、掌握、运用程度。例如，课堂上举行“单词、句型大比拼”“单词接龙”“造句冠军大竞技”等活动。这不仅有利于激发学生学习英语的兴趣，自觉、积极地投身于英语学习中，形成积极上进的学习氛围，还能使学生学习效果生动、活泼。

在基础教育改革不断深化的过程中，课堂教学有效性越发显得重要；它是教学改革是否成功的重要衡量标准。一线英语教师要深刻认识到课堂教学设计最优化的重要性，需要不断地探索和钻研；希望“五有”原则能在日常的教学设计中真正起到指导和修正作用，实现新课标要求和学生英语学科素养提升的目标。

二、学科核心素养视野下对初中英语教学进行设计和实践

（一）课堂引入学科核心素养理念

为提高英语学科教学效率，教师应在课堂上采取合适的方法，有机引入学科核心素养理念，使学生在学习过程中，了解学科核心素养。通过在教学过程中引入学科核心素养理念，能够有效奠定英语课程基调，使学生更好地融入学习氛围中，提高学生学习兴趣和动力。在教学过程中，教师借助多媒体设备等手段播放一段视频或者音乐，使学生更好地结合当时的情景，与教学内容相互结合，充分调动学生的感官，帮助学生更好地进入学习状态。比如在学习“Where did you go on vacation？”时，教师通过播放一些与学生假期生活相关的照片或者视频，帮助学生更好地回忆起自己的假期生活，并提高学生学习兴趣，激发学生求知欲，通过提问、小组互动等方式，使学生交流假期生活所见所闻；并在讨论中充分引入时态的概念，使学生学习过去时的用法，帮助学生更好理解过去时的意义，提高学生的学习效率。该方法相比传统教学方法，更具有直观性，能够为学生营造良好的学习氛围，提高学生学习兴趣。

（二）利用阅读培养学生的核心素养

英语阅读是初中英语学科教学过程中的重点内容，以英语阅读教学为基础，在教学过程中充分培养学生英语学科核心素养，能够有效锻炼和提高学生的读、写能力，帮助学生提高自身阅读水平、写作水平，使学生的分析能力、逻辑能力得到充分提高。在教学过程中，可以通过快速阅读方式，提高学生阅读能力。比如在“Will people have robots？”课内阅读教学过程中，教师通过采用快速阅读的教学方法，使学生能够快速找到文章中的主题，勾画相关主旨大意句，分析人们对未来机器人普及的态度，并使学生通过快速阅读的方式，大致了解全面的行文脉络，使学生能够带着问题细致分析文章，有效锻炼学生的语感和对文章的敏感性，使学生的核心素养得到有效提高。

（三）通过写作提升学生的核心素养

引入核心素养教学理念和阅读教学后，教师在教学过程中应深化教学方法，采取循序渐进的教学方法，提高学生的综合素养能力，使学生的阅读能力、理解能力和语言能力得到综合提高。因此，在教学过程中，教师可以通过写作的方式，提升学生的核心素养。例如在学习“If you go to the party，you will have a great time！”时，教师在教学过程中通过自主选题方式，使学生在写作过程中整理自己所需要的材料、素材和信息，通过对将来时、虚拟语气等时态、语法学习和理解，使学生通过写作的形式，充分将相关知识应用到写作中，从而有效提高学生对重点句型的应用能力，使学生的语言能力、写作能力得到综合提升。

1. **基于课堂英语情境，培养学生语言能力**

作为语言类学科，语言能力是英语学科核心素养中的重要组成部分。其中，语言能力一般包括学生的英语应用能力和英语表达能力，因此，创设真实的语言情境，往往能对培养学生语言能力起到十分明显的成效。在实际教学过程中，教师可依托于情境创设法模拟实际的英语表达情境，鼓励学生于实际表达中练习口语，于不断积累中提高能力。例如，针对外研版初中英语八年级下册 Module5 Unit 2 中涉及的动画故事，教师可借助现代多媒体教学工具，通过向学生播放《史努比》《丁丁历险记》的动画片来引导学生了解故事，并愿意用英语来表述故事。同时，在整个表达过程中，教师可采用故事情境法和小组合作法两种教学手段的有机结合来让学生就故事情节进行还原，一方面，提高学生的课堂参与兴趣，另一方面，使英语知识活学活用，并真正提高学生的口语表达及运用能力。（可换成外研版八下 Module5 Unit 2 的例子）

2. **基于主题英语课堂，培养学生语言思维**

对于大多数学生来说，学习英语最大的困难在于其无法把英语真正作为一门语言来看待。换言之，如何使学生形成习惯性英语表述思维，并帮助学生构建完整的英语知识体系，是英语学科素养培养中的重要内容。对此，基于主题英语课堂，培养学生语言思维能力，是当前初中英语课堂教学工作创新发展的主要路径之一。由于不同英语词汇、句型间往往存有一定联系，因此，教师可通过剖析不同英语基础知识间的内部联系来帮助学生构建完整的英语知识网络，最终有效提高学生的系统思维意识。例如，在教学“doctor”、“diver”等代表职业的单词时，由于以往学生多不具备科学记忆方法，一味死记硬背往往并不能就所学单词牢固掌握。在此基础上，教师可于课堂上适当创设“Which job do you like？”的问题，鼓励学生对照教师展示的职业图片来表述自己喜爱的职业，最终在学生回答“I want to be a doctor”等答案的过程中使学生充分记忆并理解不同职业的不同表述，并真正引导其构建完整的基础词汇知识网络。

3. **基于英语文化注入，培养学生文化意识**

对于我国学生来说，由于汉语为学生的主要语音，因此，其在学习英语时往往具有一定抵触心理。对此，教师除了要让学生形成一定的辩证文化意识外，还要引导学生学会透过语言看文化，在分析英语故事中社会现象的同时体会中西方文化的差异性。与中国相比，西方人在与人交谈时多会在语言中增加一定的礼貌性用语，且一般不会像中国人一样问他人的经济收入或宗教信仰，这就使得在学习英语时，学生必须清楚了解西方文化的特点，只有这样，在真正使用英语进行交谈时，学生所学习的英语才能更加贴合实际语言环境。例如，在教学外研版七年级上册 Module10“Spring Festival”一课时，由于该课主要教学内容为中国的春节，因此，教师可于课堂上为学生介绍春节的来历和主要习俗，并通过比较中国春节与西方圣诞节过节习惯的差异来帮助学生形成健康的文化意识，最终一方面增加学生对于文化知识的了解，另一方面使学生树立一定的中国文化思想，并培养学生成为传统文化的新一代继承人和发扬人。

4. 基于课堂问题引导，培养学生逻辑思维

在大多数人眼中，逻辑思维能力多存在于数学、物理等理工学科之中，但从实际来看，在英语学习过程中，逻辑思维同样十分重要。英语学科中的逻辑思维一般包括问题分析能力和信息联想能力，这既是英语基础知识内涵的外延，又是英语学科与学生生活的联系，因此，如何使学生学会运用思考技巧来解析英语问题，是培养学生英语逻辑思维过程中的核心课题。在此基础上，教师可于英语教学过程中巧设发散性探究问题，引导学生运用已有知识来解析陌生知识，进而使学生形成系统的知识思维习惯，最终能够游刃有余的解决各种英语问题。例如，在练习英语题型中十分重要的阅读题型时，由于初中阅读文章多选自知名英语报道和英语故事，其中不免有一些学生不认识、不熟悉的陌生词汇，对此，教师需帮助学生尽快解决盲目瞎猜的阅读解题习惯，引导其在已知词汇基础上分析陌生词汇的含义和语言情境，如依据前后语境推测词汇意思等等。借此，一方面，可使学生彻底改正遇难而退的不良学习习惯；另一方面，使学生形成正确的解题思维，最终提高学生的英语思维能力。

从目前来看，于初中英语课堂教学过程中融合英语学科核心素养培养，已经成为当前初中英语教育事业创新发展的主要渠道。对于实际英语教学工作来说，广大教师只有进一步深化认识，重点于学生思维意识、逻辑意识、文化意识和语言能力四个方面进行培养，才能在核心素养培养理念下改善课堂教学水平，并进一步促进初中学生的能力发展。

综上所述，在初中英语教学中仍存在一定的问题和现状，教学方法和模式尚不完善。教师需要与时俱进，在英语课堂教学中积极践行英语学科核心素养教学理念，利用阅读和写作等方式充分培养学生的核心素养，能够有效提高学生的英语综合学习能力，促进学生的全面发展。

三、基于 BOPPPS 模型的初中英语课堂教学设计

基于 BOPPPS 模型的初中英语教学设计可以充分兼顾学生参与和师生互动、知识模块的整合与核心素养的培养，可以有效优化教学手段等。本节基于 BOPPPS 教学模型，与英语学科核心素养相结合来探求初中英语课堂教学的具体设计，以求为广大教育研究者和教师提供参考。

BOPPPS 模型是一种可以丰富教学形式、提高课堂教学效果、实现多元教学目标的教学模式。本节基于 BOPPPS 模型，遵循主动性和目标导向原则对课堂教学设计进行有效探索，强调学生参与式互动和反馈，兼顾课堂教学模式转型过程中对课堂教学成效以及核心素养培养的双重关照。

（一）BOPPPS 模型的应用实践：基于初中英语的课堂教学设计

BOPPPS 模式主要包含六大教学模块，分别是导言（Bridge-in）、学习目标（Objective）前测（Preassessment）、参与式学习（Participatory Learning）、后测（Post-assessment）和总结（Summary）。BOPPPS 模式构成了一个有效的教学闭环。根据当前初中英语课时安排实际、教学目标以及教学内容等要求，基于 BOPPPS 模型的初中英语课堂教学设计如下：

1. 初中英语课堂教学设计导言（Bridge−in）

初中学生有了一定的英语基础，但在学习方面未形成稳定的自主态度，缺少课前预习的良好习惯。教师在进行课堂设计时可以通过描述和本单元主题相关的故事来引入，形式上可以通过学生经历回顾、简短影片等，把本单元将要学习的内容和之前所学内容进行横向或纵向比较。例如，人教版初中英语八年级的 Unit7《What’s the highest mountain in the world？》这个单元的主题是世界山峰之最为了调动学生的兴趣，教师可以让学生对单元主题进行头脑风暴，发掘已知的世界之最。同时，抛出问题做引导：你已知哪些关于世界之最的知识？可以介绍下概况吗？这一环节过后学生对本单元主题会有所了解，接着鼓励学生思考相关问题“你登过山吗？你知道的山峰有哪些？世界上最高的山峰是哪个？”尽量让学生用双语进行表达和交流，这一阶段可以锻炼学生的表达交流，提高学习兴趣。

2. 初中英语课堂教学设计学习目标（Objective）

学习目标要围绕学生的最近发展区设计，兼顾学生的个体差异，既不要太高也不要太多。例如，人教版初中英语七年级的 Unit8《When is your birthday？》这个单元的教学目标可以考虑设定为：（1）学习并掌握日期表达；（2）灵活运用询问生日与回答的句式及短语；（3）询问信息上的中西方差异。目标越具体简练，学生完成情况也就越好，目标越拓展深入，学生学习也就越有效。

3. 初中英语课堂教学设计前测（Pre−assessment）

前测环节教师可采用的策略有：测试、提问、问卷，或者让学生分享和单元主题相关的经历等。例如，人教版初中英语八年级 Unit2《How often do you exercise？》这一单元前测环节，教师可以抛出问题：你所知道的运动方式有哪些？接着提问和单元主题相关的问题：平时是否运动？运动的频率？这样层层递进的设问不仅有助于学生关注主题，还能培养其口语及情感的表达能力。同时，可以辅之以标准化小测验，呈现有关频率的单词（如 always、often、usually、never），让学生准确拼读；列出重点频率句式让学生进行尝试性造句。这样的前测可以让教师掌握学生学习基础和兴趣侧重，还可以让学生提前了解学习内容。

4. 初中英语课堂教学设计参与式学习（Participatory Learning）

参与式学习的策略可以安排以小组合作的方式进行分工并表达陈述，采用角色扮演法等情景模式分析解决问题、研究案例，促使学生用创新思维来进行独立思考，把课堂还给学生，教师以引领者和协助者的角色参与。例如，为了解决英语课文中的长句、难句，把学生随机分组进行讨论，小组汇报讨论结果并做出解释，其他小组进行评判，最后教师对各个小组的陈述做评价并进行相应补充。

5. **初中英语课堂教学设计后测**（Post–assessment）

后测环节考虑通过以下四种方式：（1）通过习题检测学生是否掌握了相关词汇、语法；（2）通过书写小作文等检测学生是否掌握相关句式；（3）通过小组辩论或角色扮演检测学生的交际和表达能力；（4）通过分析研究案例检测学生的情感、态度、价值观等否有所发展。

6. **初中英语课堂教学设计总结**（Summary）

教师可以布置灵活的家庭作业，拓展思考的深度和广度。例如，人教版初中英语七年级 Unit9《My favorite subject is science》的总结部分可以让学生总结一下最爱的课程，概括喜欢的原因及特征，教学方式可以让学生通过思维导图描绘，也可以采用学生间的相互提问进行。教师在单元内容基础上进行拓展延伸，有助于学生英语学科核心素养的培养。

（二）BOPPPS 模型的应用评价：学科核心素养的英语教学建构

根据 BOPPPS 模型进行的初中英语课堂教学设计，充分体现学生参与和课程内容的整合，并探索英语学科核心素养培养的有效安排与教学方法选择，在教学操作上也显示出明显的优势。

1.**BOPPPS 模型强调明确教学目标，能有效提升教师的教学水平和效果**

BOPPPS 模型的学习目标环节注重教学目标及重难点的确立，课堂上各环节都围绕学习目标的实现教学内容的整合，有助于教师合理安排课程节奏进度和把握重难点。打破传统课堂上教师自由发挥度较大，学生理解偏差从而跟不上课堂进度的状况。同时，前测环节与学习目标环节相结合，明确教学目标以及现阶段学生的知识水平等对于教师教学方法的选择和教学效果的实现也具有举足轻重的作用。

2.**BOPPPS 模型能促进课堂师生互动，提高学生课堂参与度**

传统教学模式忽视学生主体地位，以教师讲授为主，花费大量时间备课却达不到良好的教学效果。同时，学生参与课堂的积极性不高，注意力也容易分散。BOPPPS 教学模型注重参与式学习的环节，确立了学生课堂主体地位。通过小组讨论、学生提问回答、情景角色扮演、学生辩论等方式培养学生独立思考、主动探索能力，小组协作能力，提高学生课堂参与度，实现课堂教学事半功倍的效果。

3.**BOPPPS 模型有利于英语学科核心素养的发展和培养**

基于 BOPPPS 模式的教学设计充分契合英语学科核心素养培养的方向，将语言能力、文化品格、思维品质和学习能力与课堂教学课程融合。譬如在参与式学习这一过程中，学生的分析能力、思辨能力和团结协作的能力都会有所提高。符合英语学科核心素养的培养要求，并在不同的阶段设定不同的教学重点，既能推进核心素养的培养，又能构建优化的课堂教学生态结构，兼顾短期和长期目标，必然成为课堂教学设计的主流。

四、微课在初中英语课堂教学的设计策略

要想提升初中英语课堂教学的质量，需要从了解微课的特征入手。介绍微课的概念及特点，并就微课在初中英语教学过程中的设计策略进行分析，旨在提升初中英语课堂教学的质量，以保障教学效果。

微课是一种长度在 10 分钟左右的教学视频，其作为教学材料，具有知识点密集、突出且总结精辟等特点，因此，在教学过程中深受学生与教师的喜爱。然而，由于其过于简练，且占据了一节课大概四分之一的时间，因此，在教学过程中，如何合理安排微课的使用方式是当前教师需要解决的问题。

（一）微课概念及特点

微课教学方式中，教师一般会使用录制好的教学视频展开教学，并将学生需要掌握的知识点以视频文件的方式展现出来。在初中英语教学中，教师需要对在课上进行教学的材料进行统合，并将碎片化的知识整合到一个视频之中。微课教学的方式符合初中生的学习特点，微课教学方式既可以让学生在 10 分钟左右的时间内集中注意力完成学习任务，又可以通过随身携带的媒体设备随时播放以进行复习，既不会使学生感到压力巨大，还能提升其学习有效性。微课的特点在于每个视频中仅针对一个到两个知识点进行讲解——通过小故事，图解或是动画的方式展现教学工作，由于每一段视频内容少而精，因此，微课能够充分调动学生的大脑；微课的另一大特点是其小巧便捷——由于视频内容基本都是重要知识点，且其大小都在 200M 左右，不会占据太多的内存，在手机上也能顺利播放，使学生的学习时间从单纯地上课时间延伸到了全时段的学习方式。微课教学使初中英语教学不受时间地点的限制，也为教师提供了缓冲时间——教师在播放微课时，能够仔细观察学生的动向，以了解学生对于知识的认识程度，进而进行定制化的教学过程。

（二）初中英语微课教学设计策略

1. 利用微课进行课前预习

在上课开始之前，教师可以利用一段微课来展开教学。通过微课教学的方式，能够有效提升教学的效果。就学生而言，在开始上课前的 20 分钟之内，学生的注意力最为集中。而在这个阶段使用微课教学，则能够将学生的学习热情提升到一个更高的档次上。在学生对本节课程的教学有了一定的认识后，教师能够将更多的时间空出来对学生讲解一些更加

深入的知识，以保证学生的学习质量。比如，在学习 Unit 6《I’ m watching TV》时，教师可以从教学目标出发，优先介绍现在进行时的用法，并在教学的途中让学生找出使用现在进行时的课文部分，以提升学生对现在进行时的二次认识，优化教学质量。

2. 在授课中导入微课教学

在教学过程中，教师也可以利用微课对课程教学进行辅助，以保证教学质量。微课中有许多有趣的视频，教师可以利用这些视频来让学生集中精神，完成教学工作。特别是在临近下课前和午休前后的课程中，学生通常会出现精神涣散、走神的现象，在这时运用微课教学，能够有效地提升教学质量。利用生动的微课教学，将学生拉回到课程之中。这种教学方式不仅能提升教学质量，还能优化教学效果，以保证学生的学习效率。

3. 利用微课创设教学情景

教学情境创设是提升课堂教学质量的关键。由于英语教学的最终目的是让学生学习到如何使用英语，因此，在教学过程中，要让学生掌握的不仅仅是英语的基础知识，还要使其学会听、说、读、写等各个方面的知识。教师可以利用微课教学的方式来进行教学情景的创设，并在极其逼真的情景中提升学生的学习兴趣。在进行日常会话的练习中，教师可以利用各种不同的短片来进行教学工作，使学生了解到不同环境中利用的不同对话。比如，在大街上相遇打招呼闲聊天气等，以提升学生的英语应用能力。

4. 利用微课强化重点知识

在教学过程中，由于微课本身由知识点构成，因此，在教学中利用微课提升教学质量的方式来强化学生对重点知识的掌握情况。在进行教学的过程中，教师可以尝试将教学的难度进一步提升。通过微课教学的方式不断重复各种知识点，以起到强化教学的作用。反复利用微课教学，能够让学完新知识的学生和没有完全掌握知识的学生不断强化自身对知识点的掌握，以提升教学质量。

5. 利用微课提升教学效率

由于当前社会发展的速度越来越快，因此，教学要求也越来越高。为了保证教学效果，发扬微课教学优点，要从提升课堂教学质量方面做起。在进行课堂教学时，要明确教学方向，控制微课教学在整体教学中的占比，并以符合学生学习特点的方式来进行教学，这样才能使教学质量趋于最大化。

总而言之，由于微课时间短，利用微课进行初中英语教学的过程中，要明确教学目标，使学生能够在短时间内明确教学的目标，集中注意力完成教学过程。在进行教学的过程中，要注意初中生活泼的性格，通过更加活跃的教学方式，使其能够全面掌握教学的内容，并加深对教学内容的理解，进而提升教学效果。

五、情景教学法应用于初中英语课堂教学设计

随着新课改的推进，人们越来越重视英语的教育问题。在如此多的教学方法中，效果最好，趣味性最强，最能提高教学质量和效果的教学方法是情景教学法。正是因为情景教学法有这些好处，才能让它如此受到重视。为了更好地将情景教学法应用于初中英语课堂教学中，从几个方面着手对这个问题进行了分析和研究。

就目前的初中英语教学来说，提高学生的理解能力以及运用能力是非常重要的，这也是英语教学的目标。传统的英语课堂上，老师的灌输式教学不但不能很好地促进和帮助学生学习，而且还让很多学生对英语学习失去了兴趣。但是通过情景教学法的运用，不但改变了课堂教学氛围，还让很多学生改变了对英语的认识，提高了对英语学习的兴趣，让学生能积极地去学习英语。

（一）什么是情景教学法

就英语教学而言，情景教学法其实就是让学生用英语口语或者书面语言来展开交际活动的方法。让学生在现实的场景中练习和学习英语的相关知识，可以提高教学效率，也可以理解为情景语言教学法。就情景教学法而言，它主要是以语法为教学基础，并通过创设情景来开展教学，还要在情景中充分发挥语法和词汇的作用，达到练习的目的。

（二）情景教学法在初中英语课堂教学中的应用分析

1. 实物展示法

什么是实物展示法？所谓的实物展示法就是通过直观的教学方法，将学生学到的知识和事物相结合的一种方法。利用这种实物展示法，能让学生通过各种感觉器官来认识和观察各种现象，帮助他们创建实物、情景和英语语言之间的联系，以此提高学生的语言运用能力。而老师在具体的教学过程中，也要通过运用各种实物道具来进行课程讲解，这样便于提高学生的注意力，还能加深学生对所学知识的印象。例如，在讲解《What is your favorite sport？》这篇课文的时候，老师就可以给学生展示各种道具，如足球、篮球、乒乓球、橄榄球等，老师可以在用汉语说完球的名字以后，用英语重复一遍，便于学生区分，还能通过第一印象找出更多的相似之处，再通过提问的方式让学生用英语说出这些球类。这样的实物教学法，不但活跃了课堂氛围，而且能提高学生的注意力，更重要的是让学生对这些英语知识加深了印象。除此之外，还能帮助学生重新认识英语，激发他们学习英语的积极性，将英语教学内容和实际生活很好地联系在一起。由此可见，实物教学法的作用是非常巨大的。

2. 角色扮演法

角色扮演法在情景教学中是最常用的一种教学方法，也是学生比较喜欢的方法。角色

扮演法其实就是发挥学生作为教学主体的作用，并通过多媒体的辅助教学让学生根据教学内容进行各种角色的扮演。例如，在学习《When is your birthday ？》这篇课文的时候，老师就可以给学生创设一个生日晚会的形式，让学生用英语沟通，询问其他同学的生日。角色扮演法在活跃课堂教学氛围的同时，能提高学生的学习兴趣，还能让学生在学习英语知识的时候感受到轻松和愉悦，更能让学生很好地融入课堂教学中。

3. 可以通过影视作品来辅助英语课堂教学

随着信息化技术的发展，孩子们对影视作品的喜爱程度非常高。将影视作品引入英语课堂教学中，能起到非常好的教学效果。就影视作品来说，它自身就带有一种魔力，能让学生不由自主地喜欢上它，所以老师一定要重视起来。但是在具体的英语课堂教学中，老师一定要选择适合学生学习和发展的影视作品，否则会影响教学的效果。老师可以通过影视作品中的对话、歌曲等对学生进行训练。老师还可以改编动画片以及动画片的歌曲，毕竟动画的魅力是每个学生都无法抗拒的。例如，学生观看动画片《狮子王》或者现在热播的《熊出没》等等，老师要根据动画的内容，提前设计好各种问题，让学生在观看的过程中寻找问题的答案，老师最好用英语、汉语相结合的方式来进行，这样能给学生带来不一样的英语体验，也能提高他们的学习兴趣。而学生也通过找问题的答案，提升自己的信心，为他们以后英语的学习打下基础，并起到非常重要的作用。

总而言之，要想提高初中学生的英语成绩和水平，运用传统的教学方法是不可能完成的，一定要采用新型教学方法来提高学生的注意力和兴趣。情景教学法就是非常实用且效果良好的一种方法。通过情景教学还很好地解决了传统教学中出现的各种问题，给学生创造很好的学习环境和氛围，让学生在轻松的环境中愉快学习，最终提高英语质量和水平。

六、寓文化教学于初中英语课堂教学设计

随着新课程改革的发展及素质教育的拓展，现阶段的初中英语教学除了教授学生相应的英语基础知识及技能外，对于学生学习过程中情感、态度及价值观等综合素质的培养越来越重视。在这种拓展性的教学目标及教学体制改革背景下实施有效的寓文化教学显得尤为重要，为了分析寓文化教学在初中英语课堂教学中的方案设计，针对现阶段初中英语教学中实施寓文化教学的必要性进行了分析。

在初中英语教学过程中实施寓文化教学主要是指在实施语言教学过程中针对涉及语言的文化传统及文化现象进行针对性讲解，引导学生在了解目标语言的文化背景的基础上更好地展开自主学习，实现初中英语教学综合水平的提升。

（一）现阶段初中英语教学中实施寓文化教学的必要性

由于传统教学体制及教学理念的影响，现阶段初中英语教学过程中多数教师认为寓文化教学并不十分重要，少数教师即使在开展文化教学过程中也较为淡化，使文化教学流于

形式，并不具备实际的教学意义。且现阶段的文化教学方式具有一定的问题，在初中英语文化教学过程中教学方式较为单一及枯燥，缺乏趣味，教学方式缺乏创新及改进，学生对文化教学的学习兴趣不大。这种教学现状使得现阶段初中英语文化教学的教学效率不高，因此，开展相应的寓文化教学的设计方案探讨显得尤为重要，通过实施多元化的设计方案能帮助学生更好地驾驭英语语言，全面提升学生的综合素质，实现初中英语教学水平的提高，引导学生向着国家化的英语教学标准前进。

（二）寓文化教学在初中英语课堂教学中的设计方案探讨

1. 融合文化教学与英语课堂教学，制定明确完善的教学目标

在初中英语寓文化教学过程中教师应遵循新课程改革的相关标准，在课堂教学过程中引导学生主动学习，将文化教学的相关内容下意识地融入课堂教学过程中去，结合实际英语课本中的章节教学要求及教学目标在实际教学目标中设计及融入相应的文化内容。教师在教学评价的过程中要将文化内容作为一个重要的指标，引导学生在学习基础知识、技能的前提下关注英语语言中的文化，强化学生英语学习的拓展性及延伸性。此外，教师在针对每个章节制定教学目标的过程中应明确相对应的文化学习需求，引导学生积极了解语言文化背景后展开相应的自主学习。如在进行《Can you come to my party？》的教学过程中，教师在设计教学目标时应引导学生对西方人对于“party”的重视程度及相关文化进行初步的了解，在引导学生了解西方人对“party”的相关文化基础上展开这一章节的学习，为学生知识点的学习奠定文化基础。

2. 设计好相应的课前准备，确定教学过程

在初中英语课堂教学过程中教师应结合文化教学目标积极开展文化教学需要的硬软件设施的课前准备，为文化教学奠定基础及营造氛围。如在英语教学过程中经常接触到西方的节日及活动，如“All Saints’Day”“Thanksgiving Day”及“Christmas Day”等，教师在向学生介绍这些节日之前，可以在课前利用网络信息技术的优势搜集一些节日的来源及意义等，在课堂开始阶段向学生进行普及及介绍，以趣味性的语言及资源进行介绍，提高学生对接下来学习的积极性及兴趣，引导学生在了解文化的基础上展开深入学习，营造和谐浓郁的学习氛围。此外，教师在教学设计过程中在向学生介绍节日背后的文化背景及意义后，教授相应知识点结束后应设计探究性的问题，引导学生思考西方文化现阶段对于我国的影响。让学生在思考及探究过程中进一步感受西方文化的价值与意义，提高学生对于语言文化的深刻认识。

3. 创新教学措施及教学途径，做好教学任务的设计

在初中英语教学过程中，文化教学属于一个不断积累及强化的过程，教师在此过程中应采用多元化及创新的教学方式进行教学设计。首先以趣味性的文化背景营造文化教学的氛围，在文化教学氛围中利用创新的教学方式吸引学生注意力，引导学生在自主学习过程

中深入了解及学习文化。教师可以采用创设情境、角色扮演的方式引导学生更好地学习英语文化，在实践角色扮演中深入其中产生更深的体验及感受，并指导学生利用课余的时间在课后寻找自己喜欢的英文歌曲、文章、电影等，了解其文化背景并在课堂上进行分享，强化课堂教学的趣味性及学生文化学习的积极性及兴趣，提升初中英语教学效果。

在初中英语教学过程中实施寓文化教学具有较为积极的意义及作用，教师在文化教学方案的设计过程中应从课堂融合、课前准备、创新教学措施及布置教学任务等途径开展循序渐进的文化教学途径，促进初中英语文化教学水平的提高，提升学生的综合素养及英语学习水平。

第二章　初中英语阅读教学概述

第一节　初中英语阅读教学现状

在新的教育理念下，随着对英语阅读的要求越来越高，教学方法也逐渐更新。英语作为一门语言性学科，学校应该注重培养初中生听说读写的能力，提高学生的英语口语水平与书写能力。近年来，英语阅读在试卷中占的比重越来越多，一份四级考试卷中，除了听力和作文之外，几乎全是英语阅读。此外，学生学习英语的目的不仅仅是学到几个单词和句子，而是要求做到读懂英文文章和与人交流。

一、初中英语阅读教学的现状

（一）学生缺乏学习兴趣

对于刚刚正式接触英语的初中生而言，在阅读教学中应充分培养学生对英语阅读的兴趣是最重要的事情。然而好多老师都忽视了培养学生兴趣。初中生没有接触过太多英语阅读，所以在刚刚做英语阅读题的时候会觉得烦躁，无法静心去读文章，久而久之很多学生就可能把英语阅读当成一种负担。更糟糕的是，老师也没有给学生正确的引导，他们选择的英语阅读缺乏趣味性，难度不适合初中生。在学生能力有限的情况下，学生就会觉得做英语阅读是一件很困难很枯燥的事情，也就更指望不了学生有很高的英语阅读能力了。

（二）教师教学方法陈旧

许多英语老师都以传统中文老师的思想教学，在英语课堂上教学方法古板。他们利用的唯一工具是黑板粉笔，主要针对词汇、句子构成和语法进行讲解。至于英语阅读，他们也只关注里面的重点单词，很少涉及有关阅读内容的知识背景或者文化风俗等能够扩大学生的视野和提高学生兴趣的东西。另外，老师还是以自己为课堂中心，减弱了学生的主导地位。老师总是认为不断地给学生输入知识才是最有效的教学方法，其实不然，如果学生自己投入到英语阅读，培养起英语语感，那么所有问题都将迎刃而解。

（三）师生缺少交流讨论

英语教学应该是以学生为主、师生互动的教学模式，让学生在与老师和同学的交流讨论中学习知识和探究语言运用能力。但是当今的上课方式还是和原来的教育方式相同，师生间的距离依旧存在。老师没有营造出一个轻松和谐的课堂氛围，学生的紧张和拘束感也无法消除。学生简单的提问对开发思维潜能、增强自主能动性有着重要意义。然而学生在课堂上不敢提问，不敢用英语交流，这不仅限制了学生的思维，老师也不能有效把握学生学习情况。

二、初中英语阅读教学的策略

（一）培养学生阅读兴趣

提高学生对英语阅读兴趣是改善英语阅读现状的首要策略。学生学习兴趣的培养要求老师有正确的引导。老师要充分了解学生的英语阅读水平和兴趣爱好，选择学生感兴趣和符合学生阅读能力的内容主题，从而改变学生对英语阅读的看法并逐渐加强学生对英语阅读的兴趣。比如，老师可以介绍给学生一些英语阅读的文摘或者报刊，让学生意识到英语阅读也是一件有趣的事情。另一方面，老师要教导给学生正确的英语阅读方式。一篇英语阅读文章是一个整体，句与句之间、段与段之间都有着密切的联系，学生只有在了解了整个文章的内容才能保证正确率。而大部分学生更关注个别词的含义，这也是阻碍学生阅读，降低学生学习兴趣的因素之一。所以在兴趣培养阶段老师要重点纠正学生的阅读方向，让学生思维焦点放在全面文章整体内容的把握上。

（二）采用新颖的教学方法

老师需要以多样化的教学方法来满足学生的好奇心和兴趣，要深刻认识到黑板和粉笔对于利用多媒体教学的局限性。多媒体教学的最大好处之一就是内容丰富，老师的课件可以包含各种各样的英语阅读材料、话题背景和相关的图片与视频等。这样学生拓展英语阅读的机会增多了，学生的知识面也扩宽了。

另外，拓展培养学生的自主学习能力，老师需要转换课堂角色，从教师为主的填鸭式教学转变让学生成为课堂中心。比如，为了组织学生在课堂上分成讨论组，在学习一篇新的英语课文之前，老师先由讨论组的学生自主阅读课文，然后各组学生交流讨论，课文里理解不一致的地方尽力合作解决问题，学生经过讨论仍然不能解决的问题最终再留给老师去处理。所以教师先进新颖的教学方法是促进学生自主阅读能力培养和提高的最有效手段。

（三）建立良好的师生关系

老师要努力做到平等亲切地对待学生，创建和谐的师生关系和营造轻松的课堂环境。

老师在课堂上要有目的却不乏幽默感地进行提问以促进师生相互了解。这样老师可以利用学生的课堂反馈提高自己的课堂教学效果，学生也能够通过师生互动来训练英语交流能力，强化语感。老师可以根据阅读内容用英语聊天的形式问学生一些问题，增强学生对句子的理解与应用，深入体会段落篇章，从而有助于学生阅读水平的提高。不过在这些过程中老师需要鼓励学生多发言，多提问，多思考，让学生对英语阅读充满信心。

（四）丰富学生的课余生活

学校可以多组织一些与英语有关的活动，像英语演讲比赛或作文大赛，培养学生“说”“读”和“写”的能力；老师也可以给学生多放些英文电影，培养学生“听”和“读”的能力。总之，学校应该把英语学习纳入到学生的课余生活中，锻炼学生各方面的英语应用技能。听说读写能力彼此相通，相辅相成，提高阅读能力和口语交流能力，重视语言信息的输入和输出是语言学习的最终目的。

初中年级是外语学习中承上启下的基础阶段，在加强语言基本功的教学过程中，尤其要注重处于重要地位的阅读教学。作为老师，不仅需要教授给学生一种正确良好的阅读方法，更需要讲究行之有效的阅读教学设计。

第二节　初中英语阅读教学目标

英语作为初中阶段的主要科目之一，对学生今后的学习发展有着非常重要的作用。为了提高英语阅读教学的效果，更好地完成教育改革对学生素质方面提出的要求，需要对英语阅读目标的达成进行重视。本节对初中英语阅读教学目标达成的有效方法进行探究，要求教师对相关工作进行重视。教师要引导学生对阅读材料进行全面的解读，在泛读时注意进行合理的推测联想，先对文章进行快速浏览，然后再进行细读。边阅读边进行思考，鼓励学生带着疑问进行阅读，提高阅读质量。

初中英语阅读教学目标的达成，有利于提高学生的阅读水平，培养学生的阅读理解能力和语言表达能力，促进学生英语水平的提升。教学目标主要是为了帮助学生完成基础的积累，使学生掌握正确的方法进行阅读，有效提高阅读速度。在阅读训练中，教师可以鼓励学生把阅读中的材料和生活联系起来，降低阅读难度，并学习文章中的优秀语段，在课后对文章进行相应的训练，加深印象，促进英语水平的进步。

一、泛读时展开合理联想

在阅读开始时，学生可以先从文章的题目入手。如果课文有小标题，就结合文章的小标题，对文章的内容进行推测。在泛读时展开合理联想，可以提高学生的阅读速度。标题往往是文章中一个段落的中心，对标题进行阅读可以使学生对接下来的内容有所了解，能够大致确定文章主题，为后面的题目解读和深入理解做好准备。在阅读时，充分利用文章中提供的有用信息，例如教材中许多文章配有图画，分析图片可以帮助学生了解更多的文章信息，从图片涉及的人物背景对文章内容进行合理联想。

例如，在学习外研版七年级下册中的《Planes, boats and trains》这一课时，对Unit 2《What is the best way to travel?》这一篇课文的题目展开联想，想象课文大概要涉及的内容，并对选择的出行方式进行推测。另外，对于涉及图片插画的课文，教师可以在多媒体中呈现相关的图片或题目标题，让学生对屏幕中呈现的内容进行联想，有效吸引学生的注意力，增强学生的阅读兴趣。也可以鼓励学生以小组的形成对各自的猜测进行讨论，得出较为全面的讨论结果，提高准确率，促进学生英语阅读水平的提高。

二、阅读时先快速浏览再进行细读

教师可以鼓励学生把阅读分成两个阶段进行。第一阶段先快速浏览文章的大意，第二阶段再对文章内容进行仔细地阅读。在阅读中先进行快速地浏览，大致了解文章的意思，再进行仔细阅读，对细节进行掌握，有利于提高学生的阅读质量。快速浏览时要注意把握阅读速度，主要对小标题内容、每段的第一句话和最后一句话进行阅读，把握文章基调，大致理清文章的思路，为下一步的仔细阅读提供基础。

仔细阅读时要结合前面泛读时的阅读结果，对文章进行进一步的分析。对上次泛读时没注意到的细节进行把握，这样分阶段阅读可以极大地提高阅读的效率。要想进一步提高细读时的阅读效果，教师可以对阅读材料做一些修改，把阅读理解改为完形填空，让学生进行填空，激励学生对文章细节进行把握。

三、带着疑问进行阅读

要提高学生阅读的效果，不仅要鼓励学生积极学习作者的写作技巧，还需要培养学生善于思考、勇于质疑的精神。教师要鼓励学生带着疑问去阅读，使学生具有较强的思辨能力，能够独立思考。这样可以有效活跃学生的思维，使学生可以更有条理地分析阅读材料，带着疑问去文章中找答案。教师对阅读题的设置要能合理地激发学生的探究心理，问题的选择要有逻辑性、难易程度合理、有层次递进性，促进学生在文章中对问题答案进行选择、分辨和提炼总结，提高学生对文章中心思想的总结能力，提高学生的做题速度。教师要鼓励学生对作者的写作目的进行分析，了解作者想表达的意思，从而提高做题的准确度，拥有举一反三的能力，最大程度上提高阅读训练的效果。

四、对优秀语段进行学习

学生阅读的文章是经过教师筛选的，具有较高的学习价值。教师可以鼓励学生对文章中优秀的语段进行赏析和学习，学习作者的优秀表达手法，关注作者在语言运用方面的特色，合理地对文章内容进行排布，对句子结构进行分析，并根据文章的中心选择合适的表达方法。这不仅能够使学生完成对写作素材的初步积累，还可以丰富学生的英语知识，促进学生更好地做好文章段落之间的衔接，提高学生写作时文章的立意高度。写作与阅读相辅相成，相互促进，阅读水平的提高会进一步促进写作水平的提高。

五、读后加强相关训练

在阅读后教师可以组织学生进行相关的训练，这样有利于学生加深印象，使学生对文章有进一步的理解。教师可以丰富教学方式，例如让学生同桌之间，对材料中的相关内容进行提问，在交流中潜移默化地提高学生的掌握程度，并扩展知识面；或者举办朗读活动，对表现优秀的学生进行鼓励；对于初中处于叛逆期、青春期的学生来说，支持和鼓励可以极大地激发他们的学习热情，使学生主动地去做阅读相关的练习，提高阅读的效率。促进初中英语教学目标的达成，对学生阅读水平的进步有很大的帮助，不仅能够提高学生对英语语言习惯的理解，还可以增强学生的分析思考能力。在阅读中学生可以灵活地进行思考，提高英语语言运用能力，进而促进写作水平的提高，使英语学习形成良性循环，提高学生的学习积极性。在阅读训练中，教师要根据学生的兴趣爱好，有针对性地进行教学，选择适合学生的教学方法，从而提高学生的学习兴趣，使学生的综合素质得到提高。

第三节　初中英语阅读教学思路

英语阅读教学在中学英语教学中占有很高的地位。初中英语阅读教学的实施，对学生综合语言能力的培养，尤其是对学生的阅读和表达能力的训练具有非常重要的作用。

英语阅读是语言技能的重要组成部分，作为语言输入的主要环节之一，在初中英语教学中占有重要地位；英语阅读也是初中英语教学中的重要内容之一，是英语教学中的一项主要任务。做好初中英语阅读教学，笔者认为可以从以下几个方面着手实施：

一、合理利用课本阅读资源，提高学生阅读能力

阅读不应只是为了学习语法、词汇，更重要的是为了获取新的知识，提高认知水平和

阅读能力，增强分析和解决问题的能力。因此，针对学生已有的阅读水平，教师应有目的、有针对性地合理运用已有的课本阅读教学资源组织好阅读教学，培养学生良好的阅读习惯，提高学生的阅读能力。英语教材在编排上，每个单元都安排了适当的有一定代表意义的阅读材料，教师要精心设计讲解方式，针对学生的爱好加以扩充，有利于学生综合素质的提高。同时，英语教师在进行讲解的时候要学会对教科书中存在的不足进行合理的补充与更改，最大程度的完善初中英语的教材，尤其是那些又长又乏味的科技类文章，进而提高学生学习的兴趣。此外，教师可以选择课外材料与教材配合使用，所选择的材料要与课文的话题相关，通过相结合的方式来激活学生的思维，让学生愿意去阅读。在讲授阅读材料时，要注意进行不同学科间的相互渗透，使学生具备各方面的素质。这就要求教师本身要不断提高阅读教学素养，更新教学理念，充分认识到英语阅读教学的重要性和实际作用，结合学生的知识结构、认知能力、阅读水平来制定适宜的教学计划。

二、加强阅读技巧的教学

首先，猜词技巧。学生在阅读过程中，会遇到很多生词，因此，培养学生处理生词的能力，增强学生对生词的理解能力十分重要；其次，加强学生对文章“扫读”“细读”的掌握。扫读即通过对文章标题和首尾句的阅读，从整体上把握课文脉络，理解课文大意，找出关键词和中心句，使学生对文章内容、结构和作者写作意图有一个整体印象；再次，应逐步培养学生对于不同体裁的阅读材料采用不同的阅读策略，有效地指导学生进行相应的阅读训练。

三、“交互式阅读”方式的运用

在初中英语教学中，阅读占有至关重要的地位，运用交互式阅读，可以有效、及时地向学生传递知识，激发学习动力。在阅读前进行交互活动，由教师引导学生，进行语言实践活动，从而不断获得新知识、新信息。在交互式教学过程中，依据课文内容设计的问题对课堂交互来说至关重要。在让学生阅读前，应设计一些跟文章相关的问题，使得他们带着问题阅读思考，从而更好地加快学生认知能力的进度。在教学工作中，教师扮演的角色应着重于帮助学生的引导者，帮助学生在学习课文时对课文信息进行处理，彻底了解课文内容。同时，教师把课文的重要短语与句型写在黑板，引导学生们结合自己的实践理论，应用这些知识点开展有意义的交互活动，进而培养学生相互讨论、积极合作等交互学习方式，从而对阅读材料有了进一步的理解，也更好的发挥学生的积极性，更好地提升教学质量。这也要求教师在平时的课堂上也要创设一种轻松活泼的学习气氛，多鼓励学生，关注学生的一点一滴的进步，树立学生的自信心及学习英语的积极性。

四、注重课外阅读指导

学生的语言能力主要指必须掌握的词汇、词组、句型、习惯用语、语法知识等。但教师不但要让学生练习、巩固和扩展在阅读课中新学到的语言知识，还要发展其说和写的能力，以及指导学生课后阅读，这不能单纯依靠课堂教学中对课文的学习来完成。一方面，课后练习有多种多样，要针对不同的阅读课设计不同的课后作业，比如表演课文、缩写、改写课文、复述故事等，通过这些方式建构富有趣味性的情境，要求学生利用课余时间进行自我训练，以便巩固课内的学习成果，也能充分吸引、调动学生的学习热情，从而提高英语阅读教学的效果；另一方面，有必要向学生布置相关的阅读材料以及推荐课外读物，将阅读教学与学生生活经历相结合，让学生在一个真正的英语语境中学习英语，可以提高最终的英语学习效率。

五、英语阅读教学过程中的文化渗透

阅读材料是一定社会和文化的产物，没有一定的文化与社会背景知识，学生就很难对所读材料有真正、全面地理解。因此，在英语学习的课堂上作为教师的我们就需要向学生们介绍一些基本的西方文化，这不仅仅只是对英语语言知识的巩固，也加强了学生的阅读能力及写作能力。同时，学生们对英语国家文化了解得越多，在以后的英语阅读当中遇到的文化障碍就会越少，自信心就会越强，从而真正攻克阅读这一难题。教师可以利用视频、多媒体等工具，拓展教材的文化背景知识；也可以把握教材中的文化信息和思想内涵，引导学生对文章做出正确的判断和评价，寓思想教育、文化教育于英语阅读教学中。

总之，在初中英语阅读教学过程当中要不断探索，创新教学思想和教学方法，养成良好的阅读习惯，培养学生优秀的阅读技能，让学生在愉快的氛围当中提高自己的阅读水平和综合能力。

第四节　初中英语阅读教学反思

英语作为一门语言性学科，教师要注重优化各个教学环节，加强学生的体验，让学生能够张口说英语，这体现出阅读教学工作的必要性。处于初中时期的学生，英语作为关键学科之一，要想显著提升学生阅读能力，应实现在日常教学工作中加强训练以及和学生互动交流，掌握其实际情况，制定科学的教学计划。教师更应注重采用多样化手段来提升英语教学的整体质量，在英语阅读教学工作中要以一种正确的眼光看待当前存在的问题，注重反思，总结教学经验，并在后续教学中采用多样化授课手段提升教学质量。因此，文章将围绕初中英语阅读教学的反思为主题来展开分析，通过详细了解当前初中英语阅读教学工作中存在的各种问题，再提出促进初中英语阅读教学工作顺利开展的可行性对策。

在新课程改革不断深入的背景下，我国的教学制度不断优化和完善。英语作为一门全球通用的语言，在教学工作中地位也显著提升，而阅读作为初中英语教学中的主要内容，应当重视阅读教学工作的开展来提升学生的英语水平。不可否认，当前在初中阅读教学工作中，依然存在各种问题有待完善，这就要求教师以一种正确的眼光来看待当前初中阅读教学工作中存在的问题，体现出学生的主体地位，为学生营造一种良好的学习氛围，最终提升阅读素养。

一、针对当前初中英语阅读教学存在各缺陷的探究

当前在初中英语阅读教学工作中依然存在各种问题有待完善，而作为一名合格的初中英语教师，要依据当前教学工作中存在的问题不断地更新优化教学手段，最终提升英语阅读教学的整体质量。首先，在当前初中英语阅读教学工作中缺乏专业化的教学设计。由于受到传统应试教育的影响，部分英语教师在开展阅读教学工作时，为了在有限的时间内让学生掌握更多专业的知识，提升阅读能力，一般都会采用题海战术进行教学。所以在英语阅读教学设计上缺乏思考以及新颖性，从而导致阅读学习的内容很难吸引学生的注意力，很难让学生主动地融入学习过程中，最终影响整体教学质量。

其次，在初中英语阅读教学过程中缺乏对学生英语阅读能力拓展培养。处于初中时期的学生，自身都具备一定的学习基础。在开展英语阅读时，要想达到理想的教学效果，要让学生对各种词汇以及语法全面掌握，而在阅读教学过程中帮助学生具备阅读技巧，拓展学习手段，将会更好地促进阅读教学工作的开展，加强学生的理解。但是针对当前实际教学现状分析，教师却忽略了对英语知识的拓展思考。

最后，初中英语阅读教学的理念较为落后。在英语阅读教学工作中教师要最大限度地体现出学生的主体地位。素质教育的不断深入，要求教师实现以学生为主体进行授课。但是由于部分教师所采用的手段较为落后，像灌输型、填鸭式模式，以至于在阅读教学工作时未能重视学生的主体地位，并且缺乏和学生的交流沟通，甚至不关心学生是否参与到学习过程中。学生在这一被动的学习状态下很难激发学习热情，思维处于固化状态，久而久之对英语阅读学习产生抵触心理，这对教学质量的显著提升形成严重阻碍。因此，在教学过程中教师应当善于反思，总结教学经验，对当前教学工作中存在的不足及时优化完善。

二、针对促进初中英语阅读教学开展可行性对策的探究

（一）注重体现出学生主体地位

为了促进初中英语阅读教学工作的顺利开展，教师要注重体现学生的主体地位，坚持遵循生本原则，所谓生本原则就是为了实现学生的全面发展为教学目标，而互动式教学手段的应用将会体现出学生的主体地位，落实师生之间的良性互动。在采用互动性阅读教学工作时，教师要意识到避免单纯按照英语教材进行授课，要在结合学生实际学习情况的背景下，让学生加强探究，和学生进行交流沟通。例如，当教师在为学生讲解《Dream homes》这一内容时，教师要先为学生系统讲解本节课教学重点，再让学生依次说出自己以后理想的居住环境，然后进一步对文本阅读，实现掌握各种语法以及词义。教师再为学生科学分组，引导学生合作探究，由每个小组派出代表进行阅读对话，通过这种手段不仅能够提升学生的口语表达能力，还将会增加学生阅读量，体现出学生的主体地位。而作为一名合格的教师，要体现出自身的辅助作用，做好引导工作。除此之外，为了体现出学生的主体地位，教师还应当在实际的英语阅读教学工作中采用背景引导法，也就是说采用和教学内容相关的话题来设计文化背景，通过这种手段将会吸引学生的注意力，让学生主动地融入阅读学习过程中，获得良好的学习体验。

（二）合理拓展阅读教学的空间

英语阅读教学工作具有广泛性的特征，所以单凭在课堂教学中进行授课是远远不够的，教师在为学生讲解英语教材中的重点内容的同时，还要发挥出信息技术的利用优势，利用信息技术为学生拓展学习资源，实现让学生接受更加专业的教育，提升英语阅读的水平。适当开展课外阅读，将会达到提升学生词汇量的目的，同时，巩固学生的英语语言知识，掌握英语阅读技巧，所以教师要适当为学生组织开展课外阅读活动，并安排各种拓展训练任务。例如，教师应当采用 Choice 和对话问题相互融合的手段，让学生合理化选择，再实现多问一句“Why?Please give us the reasons.”，通过这种手段来实现训练学生对上下文的理解，促使其形成良好的篇章概念，并不是单纯将阅读重点放在记忆词汇以及各种句型上，减少学生盲目猜测答案的现象，显著提升准确率。教师还要对刚步入初中时期的学生开展限时训练，再对学生进行阅读指导，实现在这一潜移默化过程中让学生感受到英语阅读的乐趣，从而形成良好阅读习惯，提升英语阅读教学的有效性。

（三）积极创设阅读教学的情景

初中时期的学生虽然有着一定知识基础，但是其还处于发展阶段，正处于青春期，在学习时如果存在问题而未能在第一时间处理，将会导致学生逐渐的失去学习兴趣，对英语阅读学习也产生抵触心理。所以教师在后续教学中应融入学生感兴趣的内容，让学生处于

一种特定教学情景，加强学习体验，掌握知识重点，避免存在各种学习上的问题。创设良好的阅读教学情景，将会吸引学生的注意力，激发自主学习意识。教师在创设阅读教学情景时，应当尽可能地融入学生的日常生活，创设学生熟悉的场景将会在实现英语阅读学习和日常生活联系的同时，让学生加强体验，实现身临其境，对各种学习内容有着更加深入的感知。例如，当教师在为学生讲解完阅读文章中的各种单词含义后，可以让学生依据英语单词含义以及自身的理解，运用语言或者动作进行表达。在这一过程中教师应积极鼓励学生踊跃设计动作，像 cough、sneeze、smoke、cigarette、break away from、call for，确保学生在相互表演以及猜测中形成语言机构，让学生在这种轻松愉悦的学习过程中加强对英语单词的理解和记忆。除此之外，教师也应让学生自身创设记忆手段，像在学习“rare”这一单词时，学生一般都会通过联想到“个子高、眼睛又大的妹妹是很少见的”，所以这个单词的含义是“少见的”，通过创设特定的教学情景，将会提升学生的学习能力，对各种单词以及重点内容的记忆更加深刻，从而提升英语阅读教学的整体质量。

（四）落实文化渗透提升理解力

阅读理解是英语教学的主要内容之一，学生在对语言合理运用时，存在着各种非语言因素结合现象。在英语学习中也存在着各种俚语，如果在阅读学习中学生未能全面理解英语文化背景，那么对文章主主题的理解将会存在偏差，从而影响阅读质量。例如，当学生阅读到“apiece of cake”时，如果单纯依据字面分析，大部分的学生会理解成为“一片蛋糕”，但是其实际上其的表达的含义是“小菜一碟”。所以在英语阅读教学工作中教师要落实把各含义渗透在各教学环节中，避免学生对阅读的内容存在错误的理解。要求教师在后续教学中发挥课前三分钟的利用价值，让学生选择相关阅读材料实现自主学习，把自身认为有趣的文字复述，教师也要积极鼓励学生采用英语表达自身想法。另外，也可以利用课前三分钟采用英语来和全班学生背诵或者复述一段文化方面的阅读，通过这种手段来实现文化渗透，提升学生的阅读理解能力。

（五）合理引导学生提升阅读技巧

在英语阅读教学工作中，教师要善于引导学生掌握阅读技巧。当学生在进行阅读时，应当先快速浏览全文，在浏览过程中找出文章中关键词，实现对文章大体内容有着一定的理解。而教师可以依据学生阅读的文章提出具有针对性的问题，将学生的阅读热情激发出来，实现让学生对文章内容深入掌握。需要注意的是，当教师在为学生提出问题时，要注重层次化，实现问题由简单到复杂，确保学生循序渐进地对文章内容全面理解，融入教师所创设的问题教学情景当中，提升学习效果，最终确保英语阅读教学工作顺利开展。与此同时，教师也可以为学生合理分组，以小组的形式学习，为每个小组设置特定的问题，让小组当中的成员加强沟通、探讨，产生思维上的碰撞，培养学生形成良好的合作意识，促进同学之间的情感交流。例如，当教师在为学生开展“Can you come to my party?”阅读教学时，应让学生以小组为单位来提取文章中的关键信息，实现学生对文章有着深入的理解，并积极鼓励学生表达出自身的想法。

综上所述，教师在开展英语阅读教学工作时应注重反思，总结教学经验。本身对于英语阅读教学工作来说，就具有抽象系统的特点，难免部分学生存在各种问题有待完善，而教师则要以一种正确的眼光看待学生存在的问题，实现在后续的英语阅读教学中体现出学生的主体地位、拓展阅读教学空间、积极创设阅读教学情景、落实文化渗透、提升理解能力以及合理引导学生形成阅读技巧。在和学生相互交流沟通的背景下掌握其学习情况，并依据学生的个人能力开展针对性教学，实现因材施教。

第五节 初中英语阅读教学艺术

随着新课程改革的全面深入，对初中英语教学也提出了更高的要求。一直以来，英语教学十分重视对初中生听、说、读、写四种语言能力的培养，特别是写作能力的培养，它是其他几种语言能力的外在延伸。阅读与写作是一个有机的整体，阅读是写作的前提，写作是阅读的延伸，二者互为依托。因此，写作更能充分反映初中生的英语综合语言运用能力。在初中英语教学过程中，教师要根据艺术类初中生的英语基础和学习特点，结合教学目标，将阅读与写作融会贯通，使读与写有机结合、相互促进。针对艺术类初中生的实际情况，教师应通过开展以读促写，启发其思维，促进其英语阅读能力的提升，从而不断提高其英语写作水平。但是在初中英语教学中，读写结合、以读促写存在一些问题，阻碍了艺术类初中生读写能力的全面发展。因此，加强艺术类初中英语教学中以读促写的研究，成为当前英语教学中的一个重点课题。

一、艺术类初中英语教学中读写教学的现状

（一）教师对英语阅读教学不够重视

在传统的初中英语教学中，教师往往更重视对英语知识的讲解和传授，特别是在阅读教学中，往往偏向语法知识的讲解，忽视了学生的有效阅读。在初中英语教学中，无论是对阅读材料的理解，还是对语言的分析和意义的探究，都是由教师个人解读完成的，而初中生大多只能被动接受教师的知识“灌输”，难以真正理解教师对文本的解析，阅读能力难以提升。

（二）学生阅读和写作能力有待提高

阅读与写作密不可分，要提高学生的写作能力，必须丰富他们的阅读量，让其在阅读

过程中积累词汇和语法知识，培养语感，最终由量变到质变。艺术类初中生在进行英语写作时，受汉语语言表达习惯的制约，语病较多；阅读量不足在一定程度上阻碍了艺术类初中生对英语学习的热情。此外，初中英语教学中阅读与写作教学的严重分离，使艺术类初中生即使有一定的英语阅读量，写作能力也提升不明显。

（三）学生英语习作的创新性不足

在初中英语教学中，教师对阅读与写作之间的关系认识不够，使艺术类初中生无法正确处理两者之间的关系，缺乏读写迁移能力。在艺术类初中生的日常英语习作和应试作文中发现，他们所写的文章观点陈旧，不能用英语准确地表达真情实感；而在习作的选材和立意层面，因为思想高度不够，所呈现出的习作较雷同，缺乏创新性。

二、艺术类初中英语教学中以读促写的重要性

学生英语学习的过程就是知识输入与输出的双向过程。英语阅读是学生输入英语知识的有效途径之一，是其提升英语写作水平的关键。特别是艺术类初中生，可以在不断阅读英语文本的过程中，积累大量的写作素材，掌握英语词汇和语法的搭配，有效促进遣词造句、谋篇布局能力的提升。英语写作是输出知识的过程，考查学生对英语知识的综合应用与创新。英语写作技巧的提升仅靠教师的机械式讲解是无法达到的，英语阅读材料能为学生提供写作范式，奠定扎实的语言基础。艺术类初中生在拥有一定的英语阅读基础后，便可以结合阅读经验对所掌握的常见句型、文章结构、词组搭配等进行模仿、迁移运用，从而迸发出新的灵感与写作思路，使习作的可读性更强。因此，在艺术类初中英语教学中，教师要重视阅读与写作之间的关联，采用以读促写教学模式，有效开展课堂教学，以符合英语新课标的要求与艺术类初中生的学习特点。

三、艺术类初中英语教学中开展以读促写的策略

以读促写教学模式可以使学生在阅读过程中更加深入地了解文本，在写作训练过程中对文本材料进行二次阅读和创造，从而提升综合素质。在读写结合、以读促写教学活动中，艺术类初中生能够不断地提炼自身的逻辑思维，积淀丰富的英语知识，从而在英语写作中得心应手。

（一）利用教材阅读，激发表达欲望

在艺术类初中英语教学中，教师必须了解艺术类学生的心理特点和学习能力，根据学情有效开展以读促写模式的阅读教学。教师可以结合文本内容，挖掘艺术类初中生的兴趣点，借助多媒体，将阅读文本中的相关材料通过短视频的形式播放，使学生可以将音频与

图片有机结合起来。这样能集中学生的课堂注意力，引导其关注阅读材料，丰富阅读形式，使其能够积极、主动地投入文本阅读。此外，还可以通过游戏或脑筋急转弯的形式，活跃课堂气氛，寓教于乐，激发学生的阅读热情和表达欲望，让其在阅读中习得知识，促进其英语表达能力和写作水平的提升。

例如，在教学新目标《英语》七年级（下）Unit 5《Why do you like pandas?》时，教师可以结合阅读文本中有关动物的描述，引导学生从实际生活出发，用文本中学到的英语词汇和生活常识，自由表达对动物的喜好并阐述理由。为此，在阅读前，教师可以以脑筋急转弯导入教学："哪种动物只能拍黑白照片？"学生回答："大熊猫。"教师可以继续提问："大熊猫要怎样才能照出彩色照片呢？"学生反应不过来。此时，通过多媒体投影一张大熊猫吐舌头的照片，学生立马大笑起来。在这样的氛围中，学生便能对描写大熊猫的文本产生浓厚的兴趣，从而增强自主学习能力。在分析和理解文本时，还可以插入有关动物生活的视频片段，其中涉及大量动物信息及其生活片段，能够极大地激发学生的好奇心，使其产生强烈的学习欲望，从而有利于阅读教学的有效开展。让学生运用在本课中所学词汇、句型介绍一种最喜欢的动物并阐述理由，这样既能深化其对文本内容和知识的理解，又能锻炼其英语写作能力，从而实现以读促写的教学宗旨。

（二）开展课外阅读，丰富写作素材

在艺术类初中英语阅读教学中，仅仅依赖教材中的文本开展以读促写教学很难真正提升学生的写作水平。要拓宽学生的视野，提升学生的认知水平，只靠教材中数量有限的阅读文本，显然是不够的。因此，要想提升艺术类初中生的英语写作水平，丰富其写作素材，提高其对问题的认知与见解，教师还要鼓励和引导其开展课外阅读。艺术类初中生可以根据自身的阅读需求，选择感兴趣的阅读材料或话题进行自主阅读，丰富阅读量，积累写作素材，拓宽视野，从而提升英语写作水平。阅读材料既可以是英语名著，又可以是英语报刊和漫画，或者是英语原声电影等。如《英语周报》《英语画刊》《中学生英语》等刊物，《小王子》《鲁滨逊漂流记》《亡灵岛》等书籍，都适合学生在课外阅读，能够极大地激发其想象力和创造力。在教学新目标《英语》八年级（上）的 Unit 7《Will people have robots?》后，学生会发现人类的想象变成了现实。教师可以向学生推荐有关科幻的书籍，如《出卖月亮的人》，引导学生在阅读时圈点勾画，根据自己的阅读积累和书中的词汇写一篇英语读后感。这样既能引导学生在阅读过程中学会思考，提升其思维认知能力和理解能力，又能有效提升其语言组织能力和写作能力。

（三）注重技法指导，养成读写意识

古人云："授人以鱼，不如授之以渔，授人以鱼只救一时之急，授人以渔则可解一生之需。"艺术类初中生的英语阅读和写作更是如此。教师要在教学中对学生的阅读技巧进行有效指导，要求其初读时通读，了解文本大意，不必在生词处过多停留；再读时，边读

边作标记，标出生词，圈画不理解的句子，结合上下文语境揣摩句意，而后借助工具书进行释疑，养成良好的读写习惯；通读全文时，融入自己对文本的理解，将对文本思想的感悟和收获，通过英语小作文的形式表达出来，加深阅读感知。学生在阅读时可以做英语摘抄笔记，摘录好词好句、精彩片段等，有针对性地进行诵读和赏析，丰富语言积累，在写作时参考、学习，并迁移运用。

总之，在艺术类初中英语教学中，教师要将阅读与写作教学相结合，通过读写结合、以读促写，培养学生的读写能力，提升其写作水平，从而使其综合素养得到全面发展。

第三章　初中英语阅读教学模式研究

第一节　聚焦主题语境的初中英语阅读教学模式

英语是世界通用语言，近些年来，世界各国的联系越来越紧密，合作交流越来越频繁，英语的重要性更是不言而喻。但是，英语作为一门语言类学科，对听说读写的要求比较高，所谓听说读写，阅读是基础，是学生们接触语言的第一直观感受。由此可见，英语阅读教学模式对初中英语的重要性。但是初中英语阅读教学模式一直备受争议，没有一个近乎完美的教学模式。其中，聚焦主题语境的初中英语阅读教学模式是当下大多数人较为接受的。它通过让学生们切入英语主题语境，从而来调动学生学习的积极性，提高初中生学习英语阅读的能力。基于此，本节将浅谈聚焦主题语境的初中英语阅读教学模式。

随着全球化趋势的到来，英语成为全球的通用语言，它也成为人们生活中不可避免的话题。特别是对于初中生来说，在处于学习英语的承上启下阶段，更要重视英语的学习。聚焦主题语境的初中英语阅读教学模式是当下认为对提高英语阅读能力较为可取的捷径，它通过聚焦课本中的主题语境将整篇英语文章串联为一个整体，让读者在阅读的过程中，能够联想英语单词，切入文章主题等等，是一个能够让初中生们事半功倍的教学模式。本节将从初中英语阅读教学的现状出发，提出相关策略。

一、初中英语阅读教学模式的现状

老师很少注重学生们的英语阅读。很多初中英语老师在教学的过程中，心里可能都绕不开对学生们能力的低估以及只关注自己的教学模式，他们心里都会想：初中生不像小学生那样学习密度比较小，课程比较少，课外时间多等，不必要给他们过多的学习压力以及不切实际的教学理念，只要根据自己的教学方案走，提高英语成绩就没有问题。这导致了大多数英语老师都忽略了学生们的英语阅读教学模式，认为这是一个浪费时间的教学方式，不如将时间花在让学生们认识单词和记忆单词上，给予学生们一些切合实际的教学理念。

初中生不懂聚焦主题，不会联想。由于初中生被小学教育禁锢，没有了小学生原有的

"脑洞"，让很多初中生在阅读英语文章时，都只会去关注文章的内容和文章所表达的情感，以及从英语文章中摘抄一些自己不懂的英语单词和语法，缺少对英语文章主题的聚焦。不会紧扣英语文章主题，导致它们很难去通过主题语境去了解英语文章，只是单纯的理解了文章的表面意思，没有从深层地去剖析文章语境，这也是当下初中生英语阅读能力没能提高的主要现状。

二、关于聚焦主题语境的初中英语阅读教学模式的策略

在阅读过程中创设主题语境。英语作为一门语言类学科，不仅仅只是记单词和背语法就能够将它学好的，需要将记住的单词和语法应用到英语阅读中去才行。初中英语老师在英语阅读的教学过程中，可以创设一些英语主题语境，让学生们在阅读的过程中始终不忘记阅读的主题语境。然而在该策略具体实行的过程中需要老师针对不同学生的学习情况来定，从而提高学生们整体的英语阅读能力。比如：鲁教版初一英语下册的第一章阅读，老师可以让学生们先读文章，然后在学生们阅读时打断他们，给学生们创设一些主题语境，让学生们结合老师的语境，紧扣主题。老师还可以针对不同的学生提问，提高学生英语阅读的积极性，从而让学生们学会聚焦主题，提高英语阅读的能力。

让同学们演绎角色，聚焦主题语境。在初中的学习过程中，由于学习环境和学习压力较小学阶段有较大差距，很多初中生整天都皱着眉头，思考学习，只想着该如何记单词，如何去刷题，缺乏小学阶段的玩性，不知道该如何去学习英语阅读，更不知道该怎样去聚焦主题语境。初中英语老师可以将学生们分为几个小组，让学生们分别演绎不同的角色有感情的阅读英语文章。比如：在学习鲁教版初二英语下册第三单元的时候，老师可以让学生演绎角色，阅读该单元的英语文章，同时让她们紧扣该单元的主题相互提问对方，让同学们都进入角色，将自己想象成英语课本中的人物。这样不仅能够让学生们聚焦英语主题语境，提高阅读英语的能力，而且通过这样一次又一次的提问锻炼，还可以提升学生们说英语的能力。因此，让学生们演绎角色，聚焦语境。是提高学生们英语阅读教学的关键法宝。

充分利用"互联网 +"，让学生融入主题语境。在这个"互联网 +"腾飞的时代，初中英语老师可以充分将其利用在初中英语阅读中。老师可以通过"互联网 +"播放一些有关聚焦主题语境的英语阅读教学，让学生们通过"互联网 +"学习如何聚焦主题语境，提高自身英语阅读能力；老师还可以通过"互联网 +"，播放初中英语课本中的文章，让学生们自己去感悟和体会文章中的语境，慢慢地学会聚焦主题，最后应用到以后的英语阅读中。因此，充分利用"互联网 +"，是让学生们在英语阅读时聚焦主题语境的"升华"。

在初中英语的教学中，老师们不能以自我为中心，要以学生为主体；不能光注重学生们的成绩，也要注重学生们的英语应用能力。特别是在学习初中英语的关节点上，老师要在英语阅读中教会学生们聚焦主题语境，充分利用互联网等多媒体手段整合资料进行高质量的英语教学。

第二节　网络环境下初中英语阅读教学模式

当前时期，教育环境出现了很大的变化，尤其是网络的普及，使得教学呈现出了很大的变化。对于初中英语学科而言，其阅读教学和网络间的关联性越发紧密。本节阐述了网络环境下初中英语阅读教学的优势，并探讨了其模式下的具体的应用，旨在为它提供详细的参考。

从初中英语教学的实际状况来看，传统教学的影响远未消除，教师在课堂的关注点还是落在自己身上，其对于学生的关注度明显不足。大多学生在学习英语是没有进行太多的辅助学习，仅仅依靠课本，这就导致他们不是真正地理解知识，而只是死记硬背。近年来，伴随着信息技术的猛速前进，多媒体被大力应用在教学中，以学生为主的多媒体英语阅读方式慢慢壮大起来。这样的教学模式在英语中起着极大作用，不但可发挥传统教学的作用，而且还有很大的优势，是对传统阅读教学的传承。

一、网络环境下初中英语阅读教学的优势

（一）阅读教学富含情境性，有利于激发学生的学习兴趣

网络大背景下的初中英语授课方式是新颖的，其借助网络虚拟技术营造出比较现实的语言氛围，且图文并茂。这也就使得知识呈现的方式有了很大的转变，并真正为学生所接受，而这也是和学生的认知规律是相吻合的，能够使得学生的学习兴趣真正萌发出来。

（二）阅读内容更加丰富，有利于推动现代初中英语教学的发展

网络媒体具备传统教学平台无法取代的丰富资源，并能提供大量阅读信息。与此同时，它的资源都是随社会发展逐渐形成的新材料，可以针对不同对象提供不一样的信息资源，体现出因材施教的教学原则，进而能实现了面向全体学生的目标。

（三）阅读环境更加开放，有利于培养初中生的个性和创造性

同过去的英语阅读教学相较而言，网络学习摆脱了传统学习受时空限制的束缚，它更具有开放性。学生可以实时地登录网络实行自主阅读和学习，并且和来自于全球各地的学习人士与老师沟通交流。在自由模式的网络阅读环节中，可以充分地促使学生发挥出自己的心理取向，参与英语阅读，对于孩子们创造能力的培养是非常有助益的。

二、网络环境下初中英语阅读教学模式现状

首先，教师受以往传统课设的影响，轻视实际运用。“注重技术运用，轻理论方面的学习重课件制作，轻教学设计”的不良倾向常有发生，出现了课件制作看起来精美，课堂却一塌糊涂的不良有现象。所以在繁重的教导工作下争夺有限的时间增强指导理论学习、组织学习培训，以大幅度地提高老师教学理论的水准有待解决；其次，在课程时间的投入上还很缺乏。学校的部分教师不能很好地把握课堂的网络教学时间，虽然借助了网络资源来配合阅读教学，但时间投入不足。这主要是少数教师尚未完全适应这种教学模式，再加上经验不足，所以网络阅读教学的时间就没有得到保证。这种教学氛围中，学生对阅读没有什么兴趣，教师的教学兴趣也会大大下降，而且资源运用不够合理。教师自身信息素养提升，加大同现代教学设计理论的整合力度，制作完成具有更强互动性的多媒体课件，以及编辑出更加适合学科知识学习的网络课件。关于网络资源方面充分利用，以及网络教学里面的课堂气氛怎么进一步激活，包括师生，还有生生通过一些“讨论区”的在线交流以及语言交流怎么合理运用，还要警惕“机灌”代替“人灌”，注意“人就是最为重要的多媒体”。

三、网络环境下初中英语阅读教学模式的应用

（一）创设情境

对于英语阅读教学来说，若想使得学生对阅读材料有切身的感悟，则必须要为学生营造出适宜的学习情境。具体来说，要切实保证情境和阅读材料之间存在着紧密的关联性，从而使得学生在情境之中能够对材料的内涵有精准的把握。若想使得情境创设更具实效，教师还可通过多媒体来强化效果，使得情境更加贴近于学生的实际需要，让学生能够在最短时间内就将投入到英语学习之中，并以最佳的状态展开阅读，如此方可使得阅读效果得到强化。

（二）科学选择阅读材料

在教学目标确定之后，必须要找出课程的主题，接着从网上搜集适合学生们阅读的一些文章和材料。对于文章如何选材，笔者认为应掌握以下几点：一是要有兴趣性，可以激发学生学习乐趣，进而促使他们主动进行阅读；二是要保证与学生的水平相匹配，让学生在学习过程中掌握更多的语言知识；三是题材内容要涉及面广，让他们学习到经济、政治、文化、艺术等题材，开拓自己的眼界，接触到更多的西方文化。

如此方可使得学生逐渐对英语文化有一定的认知和了解，并生发出学习的意愿。其实，在学习语言之时，文化本就不可缺少。在进行英语教学的过程中，必然也会有文化内容的

参与，其中的内容包含了英语国家生活的各个方面，包括这些国家人民的日常生活习惯，在艺术领域取得的成就以及价值观念等。有必要的英国文化可以帮助学生更为透彻地消化，以及切实地应用到现实生活中来，还有助于他们相关世界意识的构建。进行教学任务的过程中，教师不能眉毛胡子一把抓，必须要针对性地进行教学活动，根据不同学生的年龄状况来进行不同的教学，循序渐进地扩展他们的知识范围，开阔他们的眼界，以便更好地理解文化差异，使他们能够更好地进行跨文化的交流活动。

（三）任务驱使

通常来说，学生的英语学习就是围绕着具体的任务展开的。因此说，必须要确保学生对任务有清晰的认知，要选用最为适宜的方法去完成任务，当然也要确保能够在既定的时间中完成。当明确了学习的目标之后，学生才能自主地进行一些针对性的学习活动。为了不让学生太过枯燥乏味，除了教学任务以外，老师还应该给学生搭配一些附加任务，多种任务相互混合，更能使学生提起兴趣。要完成一项教学任务，需要老师和学生共同参与，老师引导学生去总结概括论文内容，解决相关问题，根据具体的内容来进行情景的还原。在英语学习方面，应该从兴趣入手，做好课堂教学内容的设计，并结合课文内容进行必要的设计，增加相关的作业量。而附加任务的设定可据同学们学习能力的不同，进行分别设定，无论附加任务是否相同，但目标都是一致的。当然，任务一定要与学生的认知相吻合，并且要易于操作。

（四）合作学习

该教学模式强调了互动的重要性，增进师生之间的感情，使同学们在轻松的环境下以愉悦的心情学习。通过网络展开合作学习，能够让学生将自身的能力全部展现出来，学生的参与程度也会得到切实地提高。而且合作的形式也更加的多样，学生能够依据自身的实际需要来选择最佳的合作方法，如此一来，学生的英语表达会更加通顺，合作的能力也会得到强化，其合作的意识也会逐渐得到增强。

（五）巩固迁移

可以理解为“温故而知新”的另一种表达方式，教师在教学活动中通过带领同学进行英语阅读，启发同学们发现问题，引导同学们进行求新求变的探知，从而获取到新的知识，进而掌握英语的学习能力和学习方法，并将所学进行融会贯通，提升同学们的英语综合实力。通常把迁移策略分为相似和联想两种迁移。所谓联想迁移指的是通过知识点与知识点间的关系，使学生按着自身已经学习到的知识及经验进行巩固，然后举一反三；而相似迁移就是让学生去发现不同知识点间的相似性，针对同一类型的知识点进行巩固加深，便于之后灵活运用。

（六）课堂组织和管理

由于目前网络平台处于一种开放的环境中，对于身处发育阶段、心智没有成熟、情感不是很稳定的初中生来说，这并不是有利的。所以在我们利用网络手段教学的同时，还要做到可控性，这很看重教师的管理和组织方面做得如何。使用一些网络手段能够让老师在第一时间的对学生的情况进行了解，并且在一定程度上可以就学生情况进行“广播”，同时，使用适当的学习方法，对其中的问题做到早发现早处理。

身为老师需要做到对课堂时间的充分利用，并与计算机相辅助，形成一种组合，使教学的效果做到最佳。从不同角度来说，不管是否有意，转变方式往往可以达到理想的效果。在应用计算机教学中，应该注意掌握时间长短，切记长时间应用计算机教学，这样会造成学习疲劳，损害学生身体健康，也不利于知识的掌握。通过多方面的研究可以看出，多媒体教学的关键要属最佳结合点，部分教学借势相关的分钟软件，虽然较为单一，但突破了最佳结合点的难题，就可谓优秀课件。

由上可知，随着网络技术的逐渐普及，在展开初中英语阅读教学之时，一定要对此予以高效的利用，从而使得阅读教学的途径得到拓宽，教学的实效得到强化，进而使得学生的英语运用能力稳步提高。

第三节　文化理论下初中英语阅读教学模式

文化品格体现英语学科核心素养的价值取向，对于学生终身成长和适应社会发展具有重要的作用。初中阶段的英语阅读教学不仅应当关注学生能力的提升，还应当关注学生在阅读文本过程中形成的文化品格。文章以文化品格的深刻内涵为切入点，结合初中英语阅读实践教学情况，对文化品格背景下九年级英语阅读教学模式进行分析。

英语阅读教学应当注重对学生的体验教学，即让学生在阅读文本的过程中收获体验，获得感悟，对文本所反映的社会现象和文化背景有不同层次的理解。提升学生的文化品格、语言表达能力、思考维度和学习能力是初中英语教学的主要目标。本节选取文化品格这一基本核心素养，进一步探究九年级英语阅读教学模式，将对提高学生的人文修养和英语学习能力有所帮助。

一、英语教学中的文化品格概述

（一）文化品格的含义

《义务教育英语课程标准（2011 年版）》指出，英语课程的总目标是培养学生的综合语言运用能力。综合语言运用能力的形成建立在语言技能、语言知识、情感态度、学习策略和文化意识等素养整体发展的基础上。文化品格概念基于全球化背景下提出，通常意义上是指学生对于不同国家文化的理解与认同，以及学生在学习语言的过程中表现出来的文化意识和个人修养。

（二）提升学生文化品格的意义

英语不仅是一门工具性学科，还是考查学生人文素养、人文情怀的一门人文性学科。初中学生需要在了解英语文化背景的前提下学习英语语法结构知识，掌握英语听、读、说的技巧，并能加以应用。阅读教学是提升学生语言能力的重要教学模块。学生需要阅读大量的英语短篇文章,完成相应题目,提升自己的阅读能力。这些文章包含众多语言文化知识，能够反映社会现象和文化背景。在带领学生阅读文本的过程中向学生渗透文化知识，有助于开阔学生眼界、提升学生的家国情怀和对于英语国际影响力的认知。合理整合文化知识与英语文本阅读内容展开教学，有助于增强学生的知识素养和文化认同，加强学生对于英语的深入认知，转变学生的学习态度，帮助学生形成自己的思考方式，实现学习的升华。

二、文化品格下英语阅读教学策略分析

九年级是整合知识、提升能力的阶段。教师要善于挖掘英语教材文本中的文化知识，通过多元途径构建教材与课外文章之间的桥梁，实现对于学生文化品格提升的教学，让学生在阅读文本的过程中通过英语了解更多的文化知识,从而获得更加深刻的阅读学习体验，具体的阅读教学策略有以下几个方面。

（一）深入挖掘教材中的文化阅读素材，落实意识培养

教材是教学的基础。教师应当以教材作为切入点，深入剖析教材中的文化素材，并制定有针对性的教学方案，强化学生的文化意识，从而加深学生对于阅读模块的学习兴趣。教师要对教材中的中外传统文化、礼仪差异、行为差异等方面的内容进行文本整合，以英语教材中的文本知识为基础，带领学生分析语句、仔细阅读，营造浓郁的文化品格下的阅读课堂教学氛围。

例如，在教学冀教版《义务教育教科书·英语》九年级全册（以下统称“教材”）Unit 6《Movies and Theatre》时，教师在讲解“director”这个单词时，可以由其汉语意思“导演”引出文本主要内容——电影与戏剧，带领学生在课内文本中了解电影与戏剧文化，掌握相关的英文词汇，在提高学生文化品格的同时，为日后的课外拓展阅读奠定基础。

（二）通过多元途径落实拓展阅读教学，渗透文化思想

除了充分利用课程教材资源之外，教师还应当走出课堂，通过多元途径积极开拓课外

的文化教学资源，深化学生的英语阅读学习。教师要利用课外文本，让学生分析文本中与文化有关的细节，并推测主旨大意，提升信息整合能力，从而提升阅读能力。教师可以通过布置课外阅读学习讲义、多媒体文本展示、文化情景剧演示等多元途径开展语言教学活动，丰富学生的阅读学习体验。

例如，在教学教材 Unit 8《Culture Shapes Us》时，教师应当先让学生结合课文内容猜测“shape”一词的含义，提升学生的阅读推测能力。由文中的“the Spring Festival”引出中国传统节日的词语，并为学生介绍中国传统节日的英文说法，拓展学生的知识积累。在带领学生分析课内文本后，利用多媒体设备为学生展示一篇描写“chinatown”的文章，并选取文章细节问题开展提问，带领学生在英语阅读中感受中国文化的魅力。

阅读教学应当注重对学生综合能力的培养，从细节挖掘、词义推测、文本分析等多个方面考查学生的阅读掌握情况。九年级的英语阅读教学，教师更应当注重学生文化品格的培养，通过整合课内外文化类文本资源，带领学生分析词语，感知文化魅力。教师要通过一系列的语言实践活动，借助英语阅读文本，引导学生思考社会现象和文化背景，获得更为深刻的体验，提升学生的英语阅读能力。

第四节　核心素养下初中英语阅读教学模式

在新课程教育改革的教育理念下，增强学生的核心素养已然成为教师的教育使命，也是当前英语教师进行教育改革的方向。因此，在目前的初中英语阅读教学中，教师应当转变传统英语学科的教育理念，主动地探索有效的教育策略，优化阅读教学模式，为培养学生的英语核心素养开辟新的道路。

教育的不断改革推动着传统英语教学的革新，关于核心素养理念的引进，对初中英语课堂的改革起到积极的促进作用。就初中英语阅读教学来说，英语教师要立足于学生的全面发展目标，注重阅读教学改革，将核心素养的内容引入到日常阅读教学工作当中，确保学生在教师的正确指导下取得更大的进步，在积累英语知识的同时也能形成良好的核心素养，满足新时代的育人需求。

一、核心素养在初中英语教学中的重要性

核心素养的提出，对于教学改革工作有很大的指导意义和作用。传统的初中英语教学工作可能会受到考试的影响，在设置练习题目，以及布置复习模式和方案的时候，可能会按照日常教学的习惯和节奏来进行设置。在教学工作当中并没有充分的体现学生在课堂上的主体作用，初中英语教师对核心素养的运用，首先需要在英语课堂上，充分了解学生的

喜好以及实际需求，进一步培养他们对学习英语的兴趣。同时，能够通过多种练习来训练学生良好的英语语言组织能力以及使用能力。不仅需要对学生进行英语阅读训练，让他们能够通过说来掌握正确的英语表达方式，学生在学习英语的过程当中，必须要充分调动自己说和写的能力，只有说和写进行充分的结合，才能够帮助学生更好地提升对英语基础技能的掌握程度。因此，初中英语教师必须针对目前的英语教学工作进行积极的优化和改革，而且需要合理运用核心素养的内容来进一步提升学生对英语的学习能力和水平。

二、核心素养下初中英语阅读教学的策略探究

（一）布置预习任务，发展学习能力

预习是初中英语阅读教学中的重要环节，也是强调学生自主学习能力的环节，英语学科核心素养中明确指出，教师应当对学生进行学习能力的培养。因此，教师也要抓住预习的机会，逐步落实这一目标。例如，在《Is this your pencil？》中，教师就可以通过预习任务的布置，促进学生学习能力的成长。在实际展开教育活动前，教师先对教育大纲中的内容进行细致的分析，指出“识别物品的属性”“掌握简单询问物品所有者的句型”等本篇阅读的教育内容。随后，结合上述内容，教师进行导学案的设计，让学生依据自身对本篇阅读的自主学习，逐步完成导学案当中的题目。同时，教师也为学生设定让学生通读语篇内容，了解语篇中主要话题的任务，使得学生可以在网络中检索一些朗读的音频，在模拟练习中逐步掌握本篇阅读中的英语单词发音等，提高学生对 Is this your pencil？中语篇的认识效果。显而易见，教师为学生安排预习的任务，能够帮助学生明确进行预习的方向，提高预习的效果，发展自身的学习能力。

（二）组织扮演活动，强化语言能力

在传统的英语课堂中，教师始终占据课堂的主体地位和话语权，学生很少有进行语言表达机会。因此，语言能力始终得不到有效的锻炼。所以在英语阅读教学实践中，教师应当将学生放在课堂中的中心地位，让学生在增强课堂参与性中提高语言能力。例如，在《It’s raining！》中，教师就可以结合阅读板块中的信件开展角色扮演的活动。在课堂中，先让学生对阅读语篇进行自主朗读，让学生初步认识到其中的主要内容。在学生进行阅读时，教师也要进行仔细地聆听，当学生遇到生单词时，教师为学生讲解其发音和含义，使得学生能够流畅地阅读书信中的内容。随后，教师组织学生两人为一小组，并让学生对书信中的内容进行改编，使其形成人物对话的结构。紧接着，学生进行角色的选择，并按照之前的改编开展角色扮演的活动，促使学生在对话的过程中逐步提高语言表达能力。可以看出，教师为学生创建角色扮演的活动，不仅能够加深学生对阅读内容的印象，提高学生对阅读内容的理解，也能够增强学生在英语阅读课程中的参与性，促进学生语言能力的稳步提升。

（三）尝试提出问题，锻炼思维品质

问题是促进学生思维锻炼的有效方式，相对于教师平铺直叙的教学来说，当教师为学生提出问题后，能够营造出课堂中的未知氛围，使得学生在围绕问题思考的过程中，主动地耗费自身的精力参与到英语学科的建构活动。因此，为了促进学生的思维得到有效的训练，英语教师在展开阅读内容的施教工作中，也应当注重问题的使用，从而落实对学生思维品质的培养。例如，在《What did you do last weekend？》中，结合阅读中的内容，教师向学生提出“What is the main point of the article？”，“Why is this weekend valuable to the protagonist？”等问题。随后，教师给予学生进行自主思考的时间，使得学生在主动分析文章内容的过程中，找出上述问题的答案，完成对本节课中阅读内容的深度理解。学生不仅认识了阅读中的主要内容，也促进了自身思维的锻炼。

综上所述，核心素养视角下的初中英语阅读教学更多地从学生能力提高和综合素质培养的角度确立方向。教师应该在了解初中英语阅读教学核心的基础上，通过多种学习方式来不断提高学生的阅读能力，有效地提高初中英语教学质量。

第五节　以学生为中心的初中英语阅读教学模式

随着时代的发展和教育改革的推进，我国中学英语系的教学方法已经不断完善。传统的英语教室气氛比较僵硬，缺乏活跃的气氛，不能满足当今中学生的日常学习需求，必须在相关方面进行适当的改革和调整。最重要的是，如何在中学英语课堂培养学生的创新思维是教师如何指导学生思考的问题，应该引起注意。因此，本节展开以学生为中学英语阅读教学策略的探索，为中学英语教师的阅读教学提供一定的参考意义。

随着我国国际社会地位的提高，英语成为学校教育中非常重要的科目。中学是学生英语综合能力迅速提高的关键阶段，所以中学英语教师应采用以学生为中心的教学方法和教学工具，调动学生英语阅读的兴趣和主动性，实现提高学生英语阅读水平和英语课堂教学效果的目标。

一、以学生为中心的初中英语阅读有效教学重要性

目前，初中英语阅读教学质量普遍不高。学生被动地接受知识，主动性差，缺乏学习兴趣。提高学生的主动性，尊重学生的主体意识尤为重要，充分发挥学生主动性的关键是提高初中英语阅读教学的有效性。其重要性主要体现在以下两点。首先，它促进学生的独立学习。以学生为中心的教学方法的最大优点是可以发挥学生的主动性。传统的以教师为

中心的教学方法扼杀了学生独立探索的机会，容易使学生厌倦。以学生为中心，可以充分尊重学生的主体地位，符合学生心理发展的特点，有利于促进学生自主学习。提高学生的学习效率；其次，激发学生的学习兴趣。兴趣是学生学习的最大动力，尤其是英语。只有对学习有浓厚兴趣的学生才能努力学习，才能更好地学习英语，达到理想的学习效果。

在初中英语教学中，教师采用传统的教学模式，即基于教师的口语和板上教学，它将极大地影响课堂的教学氛围，使学生难以积极参与课堂活动。虽然新课程改革的引入要求教师改变传统的教学模式，但在目前的英语课程教学中，部分教师仍采用传统的教学模式。在这种情况下，学生很难彻底了解英语阅读材料中的知识，并灵活运用。不仅如此，传统的教学模式将灵活有趣的英语阅读变成无聊的语法或词汇教学，这也影响学生对英语阅读的兴趣，使他们难以积极地阅读英语。

为提高初中英语阅读教学的有效性，学生必须具备有效的阅读和学习方法。但是，从观察到的现状来看，很少有学生养成良好的阅读习惯。当看到一本英文阅读材料时，大多数学生首先逐字逐句阅读，但没有注意句子中句子模式的使用，而只是简单地分析了单词的含义。这种阅读方式不仅降低了学生的阅读速度，而且使学生难以充分理解材料的意义，这对提高学生的英语理解能力是一个很大的障碍。方法也比较枯燥，学生很难获得学习成功感，随着时间的推移，学生将失去学习兴趣，从而降低英语课程的学习质量。

二、以学生为中心的初中英语阅读有效教学实践

在以学生为中心的英语阅读教学模式下，教师在进行课堂教学的过程中不是根据教材内容和考试大纲将文章中的生词、难点挑选出来先对学生进行讲解，再让学生通过反复枯燥的练习将这些重点难点死记硬背下来。而是会先让学生对文章进行全篇通读，让学生自己去寻找在通读过程中不熟悉的生词、句子；教师再根据学生的预习情况设定明确的教学目标，有选择性的对教材大纲中的重点、难点进行讲解，确保学生在经过学习和练习后能够不依靠笔记参考对文章进行通顺的阅读和理解。这种教学模式有着明确的教学目标，将教学重点放在“会用”上面而不是“记住”上面，使学生能够通过自己的理解和学习充分了解文章中的重点难点，对教师在课堂上讲解的内容也有能够有更深刻的理解，不会出现在文章中认识的生词、句子单独拿出来就不知道该如何使用的状况；这种教学模式能够有效的培养学生的自主学习和思考能力，有效的提高课堂学习的效率，有效的增加学生的课堂参与度，对展开初中英语阅读教学有着十分重要的影响。

在以学生为中心的英语教学模式下，学生才是教学的主体，教师只是扮演组织者和引导者的角色。教师在制定教学方案的过程中要明确学生的主体地位，从学生的角度出发，以学生的能力水平为依据来制定合理的方案；在教学进行的过程中教师要履行好自身的教育引导职责，给予学生较大限度的发挥空间，让学生通过自己的充分思考和探索来进行学习，并且通过教师的引导来确定自己的学习方向；在课后教学中，教师要在充分了解学生

学习情况的基础上制定相应的课后教学方案，通过专业化、系统化的指导方法来为学生选择适合的阅读习题和材料，帮助学生养成自主思考和积极提问的习惯，逐渐养成自主学习和独立思考的习惯，从而完成好课后的学习、复习和沟通环节。通过这样的教学方法能够有效的发挥学生在课堂中的主体地位，使教学内容与学生的实际学习能力和水平挂钩，减少教师讲的学生根本理解不了或者教师讲得太过简单的情况发生；还能够有效的提高学生英语阅读学习的积极性和兴趣，让学生体会到英语阅读快乐，从而使教学发挥更好的效果。此外，通过这种教学方法能够有效的培养学生的自主学习能力，对学生综合能力和素养的提高有着极大的帮助。

随着我国新课程改革的普遍实施，我国教育工作迅速发展，教师在教学中的作用发生了变化，学生教学的主体地位越来越突出。在中学进行英语阅读教学，中学生能更多地学习英语背景知识和英语国家的风土认同，巩固英语知识，掌握正确的英语语法和英语思维，因此培养学生的英语阅读能力至关重要。目前英语阅读教学中，英语教师只能以学生为中心，提高学生英语阅读水平、英语综合能力和具体的教学策略。

第六节　智慧课堂下的初中英语阅读教学模式

就目前的英语阅读课现状来看，与课标要求还有一定的差距。在阅读课的课堂教学上，应注重追求知识与技能、过程与方法、情感、态度与价值观的有机统一。信息化产品辅助下的智慧课堂教学增加了学生与教师的交流情感，交流思想的机会，培养学生勇于探究的思维，合作共享的品质。由此不难看出信息化课堂教学与学科的融合会越来越紧密，阅读课作为学生英语语言最基本的输入形式，是英语语言交际教学中很重要的一种课例形式，也是很好地培养学生语言综合思维能力的一种课型，并在日常的英语语言教育教学中普遍存在的课堂形式。因此，在智慧课堂中有效实施阅读教学非常重要。

依据英语新课标解读以及教育教学课堂改革的发展趋势，智慧课堂下的英语阅读教学模式研究是有必要的。优化现有的阅读模式，通过研究课堂的具体实施过程，从中发现目前智慧课堂试点学校课堂的问题，依据智慧课堂的理论基础和试点学校的实际教学情况，从而有针对性地提出解决措施，以便提高当下智慧课堂在英语阅读教学实施过程中的效果和加强信息化产品教学对学生阅读能力的积极影响。

一、智慧课堂初中英语阅读教学模式存在的主要问题

（一）学校对于智慧课堂教研的缺乏

教师承担的任务都很多，每周只有传统课堂的教研，对智慧课堂投入的精力就会很少。

从学校层面来说，学校对于智慧课堂的教研活动并没有专门设置，教师凭借自己的经验和教学进度安排智慧课堂的实施过程，智慧课堂下的建构主义理论教学在课前是缺乏的。阅读课的进行和传统英语阅读课没有很大的区别，读前、读中、读后的教学过程并没有根据智慧课堂的教学模式实施；课堂转型理论以学生为本的思想没有从年级组角度考虑，对智慧课堂模式的发展也没有形成年级上的要求和目标。

2. 教师对智慧课堂的相关理论知识缺乏

教师对智慧课堂的理论知识缺乏，结合智慧课堂模式设计的新模式老师们表示没有听说过，最近发展区理论在学生课前的阅读活动中从来没有实施过，从来没有系统地学习过。另外教师参加的继续教育培训关于此方面的研究很少，大多数都是针对目前学校实施的五环节课堂教学模式开展的，对于课前的阅读准备，课后的阅读巩固、延伸阅读几乎没有。

3. 教师的实际信息技术培训欠缺

信息化与学科深度融合的课堂，要求教师既要掌握本学科恰当的教学方法，更要学习如何使用信息化的手段提高本学科的教学效果。结合智慧课堂软件的应用调查和教师访谈的资料发现，教师在本学科领域能熟练地驾驭课堂，但由于缺乏系统地信息化培训以及信息技术应用的欠缺，在实际课堂活动的操作过程中就会出现差错，对软件使用的不当有时候会造成课堂活动的暂时终止，影响课堂效率，教学目标有时候并未达成，导致对学生学习过程的教学评价和后续的反馈受到影响。

二、智慧课堂初中英语阅读教学模式的建议

（一）学校积极开展英语智慧课堂教研

教研活动对于教师的实际课堂起着促进引领的作用，没有学校的统一领导，教师凭借自己的经验摸索是需要耗费很长的时间，有时候的效果也是微乎其微。为了促进本校智慧课堂的深度发展，应该形成智慧课堂专属的学校教研时间，特色化的教研活动，比如教师信息化能力的研讨，动手能力提高的研讨，学科和信息软件恰当结合的谈论活动，观摩其他学校的实际教学过程，不断更新本校的教学模式，学校从技术，人员培训，课程特色化方面不断加强智慧课堂模式的精细化和效率化。

（二）教师主动钻研学习智慧课堂理论

针对智慧课堂的教学模式理论，基于智慧课堂是目前信息化发展下的一种新型课堂模式的探索，教师要积极改变自己传统的教学方式，更新自己的观念，树立与时代共发展的思想，在教学领域不断更新自己的新知，不断提高自己的信息化教学技能。首先，教师要顺应时代发展的潮流，更新自己的教学理念，重视学校，教育局对教师的各级各类继续教育培训，比如网上信息化继续教育，国培，名师送教下乡活动，名师大篷车等等，勤于思

考，勇于探索，加强学习笔记，学有所获，学有所用；其次，教师要主动博览群书，认真钻研，不断提升自己，对于每年学校要求的必读书目深刻领悟并写出自己的实际感想。同时，教师也可以利用网上的优秀视频课例丰富自己的教学活动；最后，教师也要积极参加学校，县级，市级，国家级组织的各种大型培训活动，丰富自己的教学思想，拓宽自己的信息化眼界。

（三）学校及时提供相关的信息化培训

考虑到目前智慧课堂的试点只是在个别学校进行，每年教师参加的教育培训基本上面向的是传统课堂。为了更好地促进信息化课堂的发展，学校可以考虑和其他实施智慧课堂的兄弟学校不断交流学习，让学校之间的教师进行相互学习研讨，提供互相竞争学习的合适平台，为教师创造良好的条件去学习信息化下的有效课堂的构建。

从智慧课堂实施的效率出发，在课前阅读教学资源的建构上花工夫，加强课后的阅读方式和阅读质量，智慧课堂教学评价方式进行完善，结合目前试点学校的实行五环节教学法，增加课前的资源输入，补充课后的阅读形式，评价方式等，一节完整而有效的阅读课不仅指课堂过程的高效化，还指课前的建构，课后的巩固。同时，学校加强信息化软件教学过程的评价方式，增强教师对智慧课堂的重视以及活动过程，智慧课堂一定能够很快地在此试点地区得到大力地推广，并为学生英语语言能力的综合发展提供良好的环境和奠定有效的课堂教学模式。

第七节　思维导图下初中英语阅读教学模式

思维导图是一种表达发散性思维的有效工具，虽然简单，但是极具实效性，现已广泛运用至教育领域，为课堂教学提供了新的思路与方向。阅读教学是初中英语教学中的重要构成板块，教师可巧妙利用思维导图这一形象工具，将语篇中的各个知识要点整合在一起，直观明了地呈现文本内容，辅助学生快速理清文本思路，促使他们高效阅读。

思维导图在英语教学中的应用日益广泛，各种英语教学板块都可以依托思维导图的引导性和直观性，辅助学生高效完成英语学习任务，圆满达成英语教学目标。阅读作为初中阶段英语学习的重要内容，是综合性很强的英语学习活动。教师可以根据初中英语阅读训练的目标，灵活运用思维导图，引领学生收集重要信息，辅助学生掌握知识要点，促使学生学会分析、推理和概括，获得知识与思维方面的共同进步，奠定核心素养形成的良好基础。

一、思维导图对于提升初中学生英语阅读能力的价值意义

（一）思维导图的认知模式符合初中生的思维特点

初中生的思维，整体还是处于形象思维为主的发展阶段，抽象思维的能力虽然也有所成长，但并不处于成熟的状态。思维导图是一种将主题与关键词进行任意组合的工具，能够借助于图形、图像、颜色、结构等的帮助，将抽象的思维以生动、具体的形式展现出来。这种方式，十分符合初中生的认知水平，不仅有利于初中生对于知识的理解，并且能够有效地提升初中生的思维能力。

（二）操作简单、逻辑清晰，有利于学生培养发散性思维

思维导图的整体结构十分简单，在具体的操作过程中也十分的便捷，一张纸、一些不同颜色的笔就能完成整个操作，在图像、色彩以及结构的帮助下，就能够达到逻辑清晰、层次分明、印象深刻的效果。学生在进行思维导图绘制的过程中，也是头脑中对知识进行再次组合的过程。这种思维上的训练，有效培养了学生的发散思维的意识，进而有利于学生的思维能力培养，有利于学生的未来发展。

二、基于思维导图的英语阅读教学策略

（一）以“思维导图”为载体，实现课前自主学习

在英语阅读教学中，教师应注重学生课前自主学习的有效构建，让学生在自主学习中实现对知识的理解，为课堂教学实施创造有利条件。在思维导图的应用中，能够基于思维导图的知识呈现，让学生能够分层次、分重难点，有目的、有方向地完成课前阅读，让英语课前自主学习更有成效，这是思维导图应用于英语阅读教学的重要基础。一方面，学生课前自学需要建立在良好的学习引导之中，在思维导图的应用之下，能够基于不同的知识点，实现对知识分层自主学习，让学生的“学”循序渐进；另一方面，“思维导图”丰富的色彩及内容呈现，满足了初中生的兴趣需求，在学习兴趣的激发之下，能够更好地促进学生开展课前自主，实现良好的学习效果。因此，课前自主状态的有效生成，可以在思维导图的应用中得到有效落实，盘活英语阅读教学的推进。

（二）在教学环节，思维导图加强英语阅读的效果

初中的英语阅读在篇幅的长度、词汇的难度上都有明显提升，这就使得学生在英语阅读的过程中会感到比较吃力，对于基础处于平均水平的学生而言，成绩的提升变得比较困难。文章长度和难度的提升，容易导致学生在阅读的过程中，出现“边学边忘”的现象，这种现象会使得学生的阅读效率和阅读体验大打折扣。因此，寻找出一条提高阅读效率的

方法路径，对于初中英语阅读能力的提升具有重要的推动作用。教师在进行教学工作时，利用好思维导图，能够大大提升学生的阅读效率。例如，教师在文章的讲解过程中，要对每一段的论点进行概括，再找出文章的总论点，将每一段落的作用和内容以不同的颜色进行标注。于是，学生在阅读的过程中，就能快速对文章的整体脉络和特点进行把握，有效避免了“边学边忘”现象的出现。教师在教学的过程中，要注意培养学生的自主性，教师可以采取演示加实践的教学方法。

（三）借助思维导图，提取文本信息

阅读的价值直接体现在获取多种多样的信息，形成对文本内容的直接感知，不断丰富知识、开阔视野。初中英语阅读也不例外，需要学生通过阅读英语材料，快速收集有价值的信息进行加工和思考，进而理解文本大意。教师充分借助思维导图发散学生的思维，能促使学生关注文本中重要的信息，进行精准的提取，并积极运用自身的思维力整合各类重要信息，进而形成对阅读文本大意的综合思考，达成英语阅读的训练目标。思维导图具有明确的指向性，能促使学生发现文本中的重要信息，并激活学生多样化的思维，培养学生的阅读技能。教师借助思维导图，利用科学的引导手段，促使学生完成材料信息的提取，使学生不断丰富自己的知识信息，实现阅读理解能力的发展，奠定英语学习基础。

（四）读后应用思维导图，学生充分吸收知识

英语是一门比较特殊的学科，读、写、听、说是其四大板块，在整个教学体系中是一个密不可分的整体。在初中英语教学中，为提升学生的英语综合能力，教师在阅读教学中也要兼顾其他方面，在课后环节应用思维导图，使其对照思维导图对所学内容加以分析与整理，通过口语描述或书面写作的形式条理清晰地复述文本内容，助推他们充分吸收知识。

综上所述，思维导图在初中英语阅读教学中发挥着积极作用。在新课程改革背景下，教师应将思维导图与英语学科教学内容进行巧妙融合，把握教学契机，从而提高学生的英语学习能力。同时，随着信息技术的发展，英语教学模式和手段会得到不断创新，教师应结合教学需求合理利用这些新的教学模式和手段，激发学生的学习兴趣，提升他们的学习效果，进而促进初中英语教学质量的提高。

第四章　初中英语阅读技巧与策略

第一节　初中英语阅读技巧

阅读是中国学生接触英语最便捷的方法，所以大量的阅读对于培养学生语感有很大的作用。新的《初中英语课程标准》对中学英语教学提出了更高要求。培养学生的阅读能力刻不容缓。培养学生阅读能力要从课堂入手，还要加强学生的课外阅读，让学生掌握阅读技巧和方法。

阅读，尤其是诵读，可以促进记忆，对于初中英语课堂教学作用很大。现代社会需要大量通晓英语的全能型人才，他们使用英语最普遍的场合是阅读和翻译英文资料。而这些未来的人才多数是现在的中学生。因此，培养中学生的阅读能力是学习英语的重中之重。

一、影响阅读能力的因素

词汇量不够。现阶段学生的词汇量普遍偏小，主要由两方面原因造成：一方面，在小学英语的教学中，教师并不强调学生单词的识记能力，而是比较重视学生的听说能力，一个学生单词或课文读得非常熟，但是如果让他拼写出来，他就会错字连篇；另一方面，学生的课外阅读量极少，不管是小学老师还是初中老师，都把主要精力放在课本知识的传授上，即使平时有做课外阅读，但是内容也相对简单，生词量并不多，老师也没有要求学生去记忆，日积月累就造成了学生词汇量小这样一个现实问题。

语法运用能力差。中国的学生其实还是比较擅长于语法学习的，特别是在初中阶段，语法是测试单项选择题的重点。但是实际上很多学生学会了语法但并不真正会用，一旦涉及实际的运用能力，这些语法就变成了一个定义。由于学生并没有真正掌握每个语法的精髓，于是语法就成了空中楼阁，缺乏扎根的土壤。同样，句法也是很重要的，一个学生如果不懂句法，那么他怎样才能做到前后连贯地看懂文章，怎样知道作者想要表达的是因果关系还是转折关系？

英语背景了解少。我们在阅读理解的过程中，发现一个重要的命题，就是跨文化意识。中西文化存在着很大的差异。比如英语阅读当中经常会提到关于在西方国家的人和人之间的约会用语，使用的语言不同，那么表达的意思也是不同的。例如，当两个人出门吃饭想要 AA 制的时候，其中一个人就会说他没有什么钱，去吃点便宜的东西，假设一个人说明他今天请你去谁家吃饭，或者直接告诉你这顿饭他请的话，那就是他准备请你吃饭了。而我们中国人如果出门吃饭一般是抢着付钱的，外国朋友对于我们这样的做法就会很奇怪，不能理解。还有就是中西方文化中关于身体语言（body language）、就餐习惯礼仪、个人隐私，生活习惯等都有很多我们需要学习和了解的地方。

二、提高阅读能力的具体方略

（一）课堂教学是本位

课堂是学生学习知识的依托，什么时候都不能脱离课堂进行教学实践，所以我们在培养学生的阅读能力的时候，决不能忽视课堂的主要作用。课堂上要解决的问题首先是单词问题。学生在学习一篇新的课文之前，单词是必须先要掌握的，在讲解课文之前，我会先把单词放在课文之前讲解，通过大量的语句操练，让学生去体会单词的用法，记住单词的搭配。在句子中去记单词往往是事半功倍的，因为语言环境很重要。通过对一些典型句子的识读和记忆，让学生明确词义、增强语感、认知搭配，在潜移默化中提高阅读能力。

课文的讲解也是一个重要的环节，其实每一篇课文都是一个精选的阅读理解。首先，我们要尽量给学生一个背景导入，把学生的注意力吸引过来，例如我们在学到“去法国旅游”的这篇课文时，可以给学生介绍一些关于法国的名胜（如 the Eiffel Tower，the Arcde Triomphe），我们可以试用阅读理解中常用的“True or False”的提问方式让学生先泛读课文找到答案，在课文分析的过程中注意让学生找到重要的语言点，培养学生的分析能力，让学生学会找这篇文章的中心句，通过对中心句的寻找，使学生了解到中心句多出现在文章的开头或结尾。但是也要让学生了解并不是每一篇文章都有明确的中心句，有时候也要靠自己对文章的整体把握；其次，对文章细节的提问，也就是最重要的精读部分，我们提出的问题要有针对性、有效性，提问方式要明确，不要问模棱两可的问题，要用到“what，where，who，why……”这样的疑问词，让学生带着明确的提问去更进一步了解课文；最后，要让学生用自己的话总结文章的中心思想或者表述作者的意图，明确作者的写作目的。有时候我们还可以让学生做出推测，这也是阅读理解当中的一个能力。

（二）课外阅读是延伸

让学生养成好的课外阅读习惯是很重要的。我们平时对于每单元课文的学习只是一个基础性学习，最重要的还是要让学生把在课堂上学到的阅读技巧运用到实践中去。课外阅读也是提高学生单词量的一个重要环节。学生在平时的课外阅读中会遇到很多新的单词和词组，我们可以要求学生把原句摘抄到在一个本子上，让学生可以积累到大量的课外词汇。课外阅读最怕流于形式，最好的方法还是老师要勤奋一些，经常抽查学生的课外阅读。

（三）传授技巧是关键

对于做不同类型的题目，阅读技巧也不相同。在阅读一篇文章的时候，我们可以用以下几种方法抓中心思想：①提取概括性的信息；②寻找中心句，中心句一般在文章的开头或者结尾；③用略读法抓中心思想。

关于细节题的阅读法要复杂一些，首先，具体细节是对中心思想的进一步说明和解释。一般来说，阅读理解的题目当中找出主要事实或者特定细节的问题比较容易解答，可以在短文中直接找到答案。但是如果题目换用同义词或者不同的表达方式，就要求学生必须首先认真审题，弄清楚所问内容，然后找到有关部分，快速查找设计问题内容的关键词语，再重点细读该词语所在句子及上下文，在完全理解这部分内容的基础上确定选项。回答问题时，一定要以文章的内容为依据，不能凭自己的主观经验去选择不符合文章内容的答案。要准确把握指代关系，如人称代词、物主代词，关系代词等指代对象，以便做出正确的解答。

词义题往往是考查学生不熟悉的生词，有些词学生虽然熟悉该词的一般用法，但在上下文中又有具体的含义，还有一些具有特定含义的短语或习惯用语。对于这类的题目，我们主要从以下几点进行说明：①从上下文猜测，就是在这个词或者短语前后出现的词语或者句子中猜测和判断词义；②从构词法猜测，主要是一些合成词，例如“spaceship”这个单词，就是由“space”（太空）和“ship”（轮船）组成的，合在一起就是“太空船”的意思；③从有关知识猜测，例如“A fish breathes in water with a gills”利用生物学知识，我们知道鱼是用腮来呼吸的，那么“gills”就是“鱼鳃”的意思；④结合语篇进行理解，对照原文进行检查。

最后是推理题的解题技巧。这类题目需要依据文章明示的客观信息进行推理，要正确区分客观事实和作者的主观看法，熟悉作者写作的语气，并且一定要根据文中的事实，结合必要的常识，按照一定的逻辑方法和规则进行推断，所有的推断必须与作者的原意相符合，切忌以自己的观点代替作者的原意。

阅读能力的提高不是一朝一夕的事情，需要学生和老师在不断的练习当中总结经验，寻找适合自己的阅读技巧，不断增加词汇量，以单词作为“水泥”和“砖头”，以语法作为“钢筋”，支撑起阅读这座“高楼大厦”。

第二节　初中英语阅读技巧的有效性

英语阅读是英语教学中的一个重要组成部分。阅读是理解和吸收书面信息的有效手段，阅读的过程实质上也是学生获取信息的过程，而阅读理解能力的高低将直接影响并制约着学生英语听说读写等各方面能力的形成与发展。正因为如此，本节笔者以实践教学为依据，从重视课堂教学，积累生僻词汇与短语，指导学生掌握阅读方法和技巧，明确目的，讲究方法，提高理解正确率，建立小组合作学习模式，帮助学生形成好的阅读习惯等几点探讨阅读的方法与技巧。

初中英语阅读理解题型考查的是学生诸多方面的能力，一方面，考查的是学生词汇的积累情况；另一方面，考查的是学生的英语语感。两者同时具备才能对英文进行流畅的阅读。另外，也需要学生对文章大意有基本准确地把握，就具体的解题技巧来说，笔者认为可以从以下几点着手。

一、重视课堂教学

培养学生的英语阅读能力，要给予课堂教学充分的重视。单词问题是英语课堂首要解决的。词汇是根基，学生在学习一篇新课文前，首先需要掌握一定的单词量，然后再进行语句的训练，这样利于学生除了了解单词意义外，也能对单词的用法进行掌握。语言环境在一定程度上影响着学生单词的记忆效果。通过识读和记忆一些典型的句子，除了能够帮助学生明确词义外，还能提升他们的语感能力。此外，也要充分重视课文的讲解，为有效吸引学生的注意力，可以设置一定的情境背景。比如，在教学“去法国旅游”这一篇课前，可以介绍一些关于法国的名胜古迹，再让学生对课文进行泛读，寻找答案。在分析课文的过程中，学生要对重要语言点进行掌握，也要培养他们分析问题的能力，让学生将文章的中心句给找出来。长此以往，学生的阅读能力也会得到相应提升。

二、积累生僻词汇与短语

初中英语基础内容比较简单，课本上的词汇量也不是特别多，使学生在做阅读题时可能会遇到生僻词汇，进而影响他们的阅读进程，影响阅读效果。这就需要学生在平时的阅读中注意积累一些教材中没有的生僻词汇和短语，做好笔记，经常拿出来复习巩固。如果在考试中遇到的阅读题生僻词汇较多，也不要因此而放弃，需要仔细寻源，如果词汇眼熟，可以找出词根，大体上理解它的意思即可。如果一些词汇是没见过的、无迹可寻的，可以结合具体的语境分析，试一试跳过这个词会不会影响做题。不影响的则可以跳过，反之，可以大胆猜测，不要因为试题中有不认识的词汇就觉得整篇文章的难度极高，放弃这篇文章的阅读。将阅读时遇到的生僻词汇和短语及时记录下来，更利于今后的阅读过程中减少拦路虎，这也是提高阅读学习的方法之一，要给予足够重视。

三、指导学生掌握阅读方法和技巧

掌握阅读方法和技巧，能使学生的英语阅读达到事半功倍之效，合理的阅读方法能让学生在瞬间受到启发，进而更积极主动地投入到阅读之中。例如，在阅读理解考查中，较为常见的一种选择题题型：给文章选出一个合适的题目。针对这种类型的题目，教师要先指导学生将自己感觉合适的题目拟定出来，然后再将其拟定的题目与选项所给的题目进行一一对照，这样能有效避免受选项的干扰，提高解题的成功率。另外，在阅读过程中，学生也要善于通过时间等关联词对文章中整个事件发展的脉络进行合理的推断与猜想。比如，否定词的出现及使用位置等都能有效帮助学生理清文章的大致脉络与大意，利于学生在阅读的过程中提高对语篇结构的感知力。这在很大程度上能有效减少学生阅读时的盲目性与随意性，当这些干扰被一一排除后，他们的阅读效率也能够随之得到提升。

四、明确目的，讲究方法，提高理解正确率

确定中心思想有利于提高阅读的准确率。确定一篇文章的中心思想可以从标题中得知，一篇文章通常会围绕一个中心思想展开。文章是一个整体，段落与段落之间都有着内在的联系，而整篇文章的中心思想则是通过各个段落的中心思想不断深入阐释烘托出来的。一篇文章，用来表达这个中心思想的句子叫作主题句（the topic sentence）。大部分情况下，文章的中心思想在句首，也有例外，出现在文章的句末。文章的其他句子都是用来说明并阐述主题句的。但是，也有一些文章的中心思想贯穿在文中，这就需要学生在阅读的过程中要纵观全文，对段落的内容也要学会融会贯通，对文章的中心有个透彻的理解。一篇文章的标题通常是文章的“眼睛”，是文章展开叙述的依据，是对文章内容的高度概括与总结。因此，在阅读的过程中，要想确定一篇文章的中心大意，可以从文章的标题中得到这篇文章的中心内容。在阅读中，当学生明确了目的，并且掌握一定的阅读方法与技巧时，他们理解的正确率也能够随之得到提升。

五、建立小组合作学习模式，帮助学生形成好的阅读习惯

初中英语教学中，英语阅读水平直接反映着英语教学的质量，也是制约英语阅读教学的难点问题。而教师对学生的教学是有限的，这就需要培养学生建立良好的自主学习习惯，只有这样，才能真正实现英语阅读的素质教育，学生阅读效率的提升也才能成为可能。为

了培养学生建立好的自主阅读习惯，教师可以对学生进行分组，以小组为单位展开阅读学习。在小组学习中，学生之间对英语阅读的技巧进行分享，借鉴其他学生好的阅读经验，在小组合作中形成好的英语阅读习惯。此外，在合作学习中也能够培养他们之间的团队协作意识，提高竞争意识，真正实现了素质教育对英语阅读教学的要求。此外，也要配合听、说、读、写等培养学生良好的学习习惯，这样才能有利于学生把握好语言，学好英语。

可以说，培养初中生的阅读能力不是一蹴而就的，是需要长期坚持的。在阅读教学过程中，教师一定要积极发挥出主导作用，指导学生有效阅读，让他们掌握阅读方法和技巧。在师生的共同努力下不断摸索出更合理的方法，让学生都能在教师的耐心有效引导下提高阅读能力，提升阅读水平，提高阅读效率。

第三节　初中英语阅读技巧的训练方法

阅读对于培养学生的综合英语能力具有重要的作用，教师应重视阅读教学的开展，教授学生阅读技巧，并进行一定的训练，让学生有效地掌握阅读知识和能力，达到良好的英语阅读教学效果。

一、精读和泛读相结合

在精读阶段学生要着重于抓住文章的内涵，在阅读的过程中，应该辨认出篇章开头的某些词或者转折词语等一些关键性的词语，并对篇章的内容进行有效预测；在继续阅读的过程中，通过对一部分词语的辨认，进行必要的证实、修正和扩展，再进有效的预测，或者对它进行否定再产生新的预测，有效地把握文章的上下联系及前后呼应。学生在阅读中还要注意做到“有的放矢”，比如，在做阅读理解时，先看一下选择题的内容，然后带着这些问题有目的、有重点、有针对性地去阅读文章的内容。由于题目的范围相对小一些，且对比性较强，重点突出，可以促使学生在短时间内有序地各个击破，还能够节省一些时间和精力。即使看不懂整篇文章，通过上述方法的使用，也可以把与题目相关的内容尽快找出来，在一定程度上能提高学生答题的准确率。

二、明确阅读的中心思想

确定中心思想，可从标题中得知，一篇文章通常是围绕一个中心思想展开的。一篇文章是一个有机的整体，段落与段落之间有着内在的紧密的联系。整篇文章的中心思想是通过各个段落中心思想的深入阐释烘托出来。一篇文章的标题是文章的眼睛，是文章展开叙述的依据，是对文章内容的高度概括和总结。

三、培养学生的阅读兴趣

兴趣是学生进行英语阅读的先导，而自信心可以起到对学生英语阅读能力提升的助推作用。教师可以通过设定具有一定挑战性的阅读目标，让学生在限定时间内分组协作，通过思考和讨论来完成阅读任务，并且在不同小组之间形成竞争，提高学生参与英语阅读活动的兴趣和热情。这不仅可以使学生之间在相互讨论的过程中形成互帮互助，共同提高；还可以利用竞争中的成功体验最大限度激发学生的阅读热情，挖掘潜能，提升自信心。

四、教会学生整合阅读信息

在平时的阅读过程中，学生要注意对阅读材料的整体把握和整合，教师也要从认知的角度去探究阅读理解过程的本质。其中，集中强化词汇的教学，渗透、扩充非视觉的信息以及实行语篇整体教学等一些有效的阅读教学的策略和方法，有利于提高学生的阅读能力和技能。在阅读中，学生经常会遇到的一些问题，就是过分拘泥于字、词、句等，而忽视了阅读材料的整体背景知识和对语篇的把握，学生很容易犯“只见树木不见森林”的错误。因此，在阅读教学中，教师要指导学生了解阅读材料的中心内容和梗概，逐渐建立起初步的整体轮廓来，帮助学生建立“自上而下（top-down）”的信息加工机制，整合文章中所有细节的内容，让学生在理解细节性问题的基础上，提出更深层次的问题。此外，教师还要让学生养成这样一个习惯，见了文章的题目要稍微地停顿一下，思考与之类似的内容是否之前也接触过，如果接触过，和这篇内容又有哪些不同呢？通过这样的联想可以充分地调动学生大脑所储存的信息，这样也会让学生感觉到阅读不那么陌生，他们才会更有兴趣地读下去，进而逐渐提高他们的阅读理解能力。

五、控制阅读速度

我们在教学实践中发现不少学生阅读某一篇文章时，常有这样的现象：遇到不懂的地方反复读，仔细研究，一定要弄懂某词某句的意思才肯罢休，接着阅读下文。其实，这种做法很容易影响阅读时间和进度，有时候花费了大量时间，对这些地方的理解还不一定准确。因此，我们要指导学生在阅读文章时保持合适的速度，不要拘泥于某一词某一句的理解，要善于一边耐心读一边认真理解，学会从整体上理解文章的大意或主题，感悟命题人的命题意图。遇到生僻词汇或不懂的语句切忌逐词逐句地感知理解，这样会将一篇完整的短文弄得支离破碎。可先用笔做出相应的记号后接着往下读，阅读过程中难懂的地方往往在我们阅读下文时茅塞顿开，恍然大悟。但是对于短文中出现的一些长句要进行语法分析，以便最大化地弄清句子的确切含义和短文的大致含义。要提醒的是，一般情况下，文章的开头或结尾体现了对全文内容的总结与概括，对我们理解全文整体含义有很大帮助。因此，对于这部分内容我们要在思想上重视，不要轻易地一读而过，不加任何思考。

六、词义的推测方法

词义推测能力也是阅读中的一种非常重要的能力，面对体裁多样、题材广泛，浩如烟海的英语短文，即使掌握了相当可观的英语词汇，也难免会在阅读时遇到生词，那学生该怎么办呢？如果遇到陌生单词就查词典，那肯定会影响阅读速度，那就必须培养学生学习和掌握一些能排除阅读中的生词的方法，培养学生在阅读过程中正确推断把握词义的方法。比如说如果生单词对理解全文意思没什么影响，那就可以“放弃”它，没必要老是纠结它是什么意思；还有一种方法就是通过上下文猜测生单词的意思。多阅读一些文章，这种能力也会慢慢具备。

七、自己多总结

俗话说：“师傅引进门，修行靠自己”，学生如果想要不惧怕阅读，并把其转化为自身的优势，除了靠大量的阅读和练习之外，还要勤于思考，孔夫子那句“学而不思则罔，思而不学则殆”可以说是道出了学习的精髓。只有自己在实践的基础上，多加思考，仔细推敲，才能收获属于自己的学习方法，人无论在什么情况下，首先想到的是应该是靠自己，只有自身的强大，才能让自己立于不败之地，才能让自己真正到收获成功的快乐。同时，老师在帮助学生挖掘自身潜能时，也收获了属于老师的骄傲。

第四节　初中英语阅读技巧教学实践

想要读懂一篇文章可以试着站在作者的角度思考文章想表达的意思，能够准确地还原一篇文章就证明你和作者的思维模式相吻合，不但可以提高阅读能力还可以准确地把握原文。所以想要更好提高自身的阅读能力可以多积累一些阅读理解技巧方便用于以后的实践中。

现在无论是小学初中高中，英语学习和语言分析的发展都越来越快。在学习很多阅读题目的过程中，想要获取信息最直观的方式和重要途径可以通过阅读来提高。阅读其实就是通过文章来感受作者的一个思路和想表达的情感，进行还原性探索的过程。

一、确定阅读的文体

现在文章有很多的文体，它们的形式并不是单一的，而在面对每种不同的文体对于题目的设置和解题思路还是有很大的差距。在阅读的过程中学生应该准确把握和理解文体。而我们常接触到文章的文体有以下几种：

故事类。在我们阅读中要能够很好地掌握故事的整体线索，可以通过人物、地点、时间和情景发展的线索来分析，很多时候线索都是并存的。

科普类。不管哪个阶段的阅读理解里面都包括科普文，主要以介绍科学知识为重点在文章中，里面也包括一些社会知识。对于科普这方面的阅读时，我们要抓住文中的事实依据，还有文章所描述的事物的主要特征和关系。文章内容是以社会知识为重点的情况下，要很好地把握多阐述和所诠释的主要观点，并对叙述的知识内容进行分析。

二、理解技巧

在面对不同的英语文章表达语言的方式有很多种，再加上文化习惯的差异，我们要加强学生提高检索信息的能力，要结合上文下文想所表达的意思，但是能在文章中找到准确联系也是有点难度的。

（一）寻找主题句

所谓的主题句就是文章中的中心句，里面概括了文章想传达的中心思想，归纳整个文章主要思想的内容，多数在文章的题眼或段落。可以在阅读的过程中试着找文章的主题句，一般情况下都是在开头或结尾的。作者开头都会点题，这样可以吸引更多的读者；结尾都会应接一下开头为了总结全文而设计的，升华中心句或归纳概括。

（二）信号词辨认

每篇文章都是有一定的纲领和计划来展开文章的，这个时候需要学生利用自己的阅读技巧找出显示文章结构的线索和信号词。信号词是整篇文章的传接纽带和语句通顺连贯的衔接手段。

（三）灵活分析词义

在学习英语阅读理解时很多学生遇到不会的单词就随手查字典，这其实是一个非常不利于学生锻炼自己的习惯。学生想要更好的提高阅读理解能力，要根据上下文、运用常识、构词法、逻辑推断以及语义等各种线索猜测词义。

（四）同义词线索

由于初中生词汇量积累的比较少，在阅读的过程中难免会遇到生词，但并不需要字典来了解决这些障碍。学生可以自己通过发音慢慢找到音标的发音读法，或者可以找到一些和这个词意义相同或者词组的上下文进行分析，也可以利用这个生词或词组的上下进行分析，或者可以发现一些解释性的词语。例如：Even as a child Thomas had a very inquisitive mind，at the age of three he performed his first experiment out of curioudly. 在这个句子中，对于很多学生来讲 inquisitive 是比较陌生的单词，但在尝试理解这个句子的时候，可以先忽略这个单词，然后接下来看下一个句子能看的出来两句话有递进关系，由此可以进一步推断出 inquisitiveyu 与 out of curioudly 的意思比较接近，而且分析第一个句子的时候就可以发现 inquisitiveyu 的作用又是来修饰名词 mind，所以可以依据这个来判断 inquisitiveyu 属于形容词，意义应该也就是和 curious 的相近的，好奇的。

（五）反义词线索

其实想要找反义词的线索跟找同义词线索猜测词义的方法是等同的。当遇到不认识的词的时候，学生可以根据该词的上下文找到与该词意思相反的单词、词语或解释，便可以便可推断出词语的意思。例如，Professor Jackon’s attitude showed his concern.The students’s attitudes，on the other hand，were very casual. 在这计划中，casual 对有些学生老说就是生词，但是 on the other hand 这个关键词的提示词，学生就很容易的推理出来，由此可见，casual 应为 concern 的反义词。

不管在什么时候的英语阅读理解都具有特别鲜明的文化特点，都具有比较丰富的内涵。越来越追求科技的发展、具有浓厚的时代气息及生活气息，同样也是社会的热点问题。英语是语言中不可缺少的一部分。学生只能用自己所学到的积累的经验不断来提升自己的语言变表达能力。

第五章　初中英语整体阅读教学概述

第一节　初中英语阅读整体教学现状

阅读是英语学习最重要的技能之一。《义务教育英语课程标准》明确规定：初中英语教学要侧重培养学生的阅读能力。在英语听、说、读、写等各项技能的培养中，阅读理解能力的高低制约着英语学习者对英语的综合运用的能力。近年来，在各地的中考试题中，阅读理解分值的比重逐渐加大，所以其重要性不言而喻。初中英语教材里，英语短文又占据大量篇幅，因此，英语阅读文的教学在英语教学中占有十分重要的地位。

一、传统的英语阅读文教学存在的弊端

长期以来，在初中英语阅读教学中，尽管教师与学生付出了很多努力，但结果仍不尽如人意。因为我们的阅读文教学存在一些问题。有许多老师的教学理念和思想认识比较陈旧，没有认识到阅读能力也是语言技能的一部分。他们只注重知识点的传授，忽视阅读能力的培养。还有许多教师没有从整体上把握文章的教学和没有对所教的篇章进行拓展。对所教材料没有深入研究，也不对所教文章进行拓展，使得教学只停留在表层。

传统的教学法由于只注重知识点的传授，而忽视阅读能力的培养。它越来越不适应新时代课改的需要，而英语阅读文整体教学模式可以克服上述传统教学法的大量弊端，那在实际教学中如何运用呢？

二、英语阅读文整体教学模式在实际教学中的应用

课文整体教学模式是指从整体感知，然后局部探究，再到整体深化理解和整体综合运用，即遵循导入—整体感知—局部分解—整体运行步骤，完成接收、理解、输出的信息传递过程。这种教学模式是把语篇中所包含的语言结构、语言功能和语言情景有机地结合起来，对学生进行听、说、读、写的综合能力训练，把阅读能力、分析能力、归纳能力、表达能力融为一体的课文教学模式。

（一）课前导入

俗话说："A good beginning is half of success."课堂导入的成败与否直接关系到一节课的教学效果。有专家说"导入"是一门艺术。一堂高质量的英语课，必定有精彩、引人入胜的导入，快速吸引学生来参与课堂，让学生在最短时间内进入课堂学习的最佳状态。常见的导入法有：

（1）复习导入法。这是最常用的导入方式，但是使用这种方法必须满足旧知识和新知识之间有一定的联系。在学习新的语言知识和技能前，先复习旧的知识，以旧知识为桥梁，使学生从旧知识的复习中自然获得新知，自然地引入新的课题。英语阅读文复习导入一般通过教师与学生自由对话、提问、听写、默写、背诵、竞赛、练习等方式进行。

（2）情景导入法。《义务教育英语课程标准》倡导创设良好的、真实的语言环境使学生通过自己的体验、感知、实践、参与和交流，获得语言实践的机会，提高交流与合作的能力。而情景导入正是符合这一理念的。情景导入是一种通过设置具体的、生动的环境，让学生在课堂教学开始时，就置身于某种与课堂教学内容相关的情景之中，促使学生在形象的、直观的氛围中参与课堂教学。例如，Project English 七（上）Unit 4 Topic1 Section A 中，教师可以设计一个到 supermarket 买东西的情景，让学生和老师扮演成服务员和顾客的角色进行导入。

（3）音乐、歌曲、游戏导入法。教育专家表示学生的智力是多元化的，在当代教学中，音乐教育与智育相辅相成。教师让学生课前唱一首歌曲、做个游戏，不仅有利于提高学生的学习兴趣，也可渲染气氛，创造语言环境，使学生全身心地投入到课堂中。音乐、游戏导入法要求教师找出与课文内容有紧密联系的歌曲和游戏，可直接让学生欣赏有关乐曲和做游戏，营造出一种欢乐的氛围，进而导入新课的方法。如教 Monday，Tuesday，Wednesday，Thirsday，Friday，Saturday 和 Sunday 时，可以采用教授星期歌进行导入，这样既能营造活跃的课堂气氛，又可以降低学习难度。

（二）整体感知

整体感知是指接收信息的过程，即通过听、说、读、手段完成表层的信息输入，让学生从整体上感知课文，初步理解课文内容。具体操作是让学生在指定的时间内通读全文，通常是快速阅读完一篇文章后产生的心理感触和课文的整体领悟。在阅读文的教学中有哪些可以用来检测学生整体感知情况的方法呢？

（1）从文章的标题入手。在通读完全文后让学生给文章起个小标题，（What' s the best tile of the passage？）例如，在 Project English 八（上）Unit 3 Topic 3 Section C1a 部分的阅读教学时，引导学生关注文章的标题 A Short History of the Weekend. 其实，标题就给出了文章的大意，学生只要看标题就能整体感知文章的内容。

（2）从文章的主旨、中心句入手。英语许多材料都有主题句，用以说明文章的主旨，其他文字一般是围绕主题句展开说明的，有的主题句在文章的开头；有的在文章的结尾；还有的在文章的中间。英语阅读教学中要引导学生找出文章、段落的关键词和主题句，学生要能够感知文字获取信息，抓住关键词句归纳大意。例如，在 Project English 八（上）Unit 3 Topic 2 Section B 2a 部分的阅读教学，引导学生找出 Class music is serious music.Pop music comes and goes quickly.Folk music is simple but special. 这三段的中心句，它们都分布在句首。在阅读该语篇时，只要关注中心句就能很快地从整体上感知文章大意。

（3）从作者的写作手法入手。比如，有些记叙类型的文章，阅读时应抓住 Who，When，Where，Why，What，How 六要素，就能整体把握作者的主要写作意图。一般适用于故事性强、条理清晰，特别是按事情的发展顺序写成的文章。例如，在 Project English 八（下）Unit 6 Topic 3 Section C1a 部分的阅读教学中，要是引导学生从时间顺序把握文章，学生就会觉得豁然开朗，很轻松就能从整体上感知文章。（如：1971—He was born，1996—He became the top cyclists in the world，1999-He won the Tour de France，2000-2004—He won the Tour de France for record sixth，2005—He won the race once again.）

（二）局部探究

局部探究是理解信息的过程，即在语篇的基点上，从课文内容探及语言结构，这样将语言能力的培养落实到语言学习的基点上。它是在课文整体感知完成后，通过细节阅读（精读），引导学生开展探究学习活动。通过合作学习，探究发现和质疑讨论，让学生对课文疑难部分进行深入的剖析和探讨，解决学生预习中发现的问题，使学生加深对语篇的理解，帮助学生熟悉和掌握语言结构形式。课文的探究是在教师的引导下，以小组竞赛形式通过学生互动来完成。由学生自己找出本课的重点词汇、重点句型的用法，指导学生根据上下文揣测文中生词，既要理解字面意思，也要理解深层含义，分析复杂句子，对课文的细节要深入了解，对文章的框架要非常清楚，能找出文章的主题，理解故事的情节，预测故事情节的发展和可能的结局；能理解简易读物中的事件发生的顺序和人物行为，能理解段落中各句子之间的逻辑关系，包括作者的态度、意图等。对于疑难部分，学生提问，知道答案的学生回答，必要时老师给予指导和点拨。

（四）整体综合运用

整体综合运用是输出信息的过程，即通过多种形式的操练，让学生将所学的知识在本课语言环境中得到多次的实践，最后跳出课文，在更大的语言环境中加以运用，使学生综合运用语言的能力得到提高。让学生在语言实践中体验乐趣，感受成功。教师可以组织学生开展形式多样的检测活动，常用的活动有复述、改写等活动。

（1）复述。复述短文是对学生语言理解、吸收、分析、处理、交流和表达能力的一种检验。学生用自己的话把课文的内容复述出来，可以把关键词或主要信息写在黑板上。复述的方法有视图复述法、列表复述法、问题联结复述法、课文概要复述法、缩扩复述法等。例如，在 Project English 九（上）Unit 4 Topic 3 Section C1a 部分的阅读教学时，可以让学生根据 Color，Shape，Climate，Distance from the sun 等方面来复述课文 Mars，这样可以降低复述的难度。

（2）依照课文进行拓展训练。新课标要求教师要充分利用教材。教师教授完文章的语言知识点后，应适当地创设情境，让学生改写或缩写文章，以检查他们的语言知识应用技能，提高他们的书面表达能力。例如，在 Project English 八（上）Unit 6 Topic 2 Section D1a 部分的阅读教学时，这是一篇 Michael 到十三陵游玩的日记，在教学完本课内容后，我让学生写一篇自己的旅游文章进行拓展。我提供写作思路给学生参考，如从 When，Where，With who，How did you go，What happen，How did you feel 等方面着手。

总之，阅读能力的培养是很重要的。教师采用合理、高效的阅读文教学法，可以大大提高学生的阅读能力。英语阅读文整体教学过程始终必须以教师为主导，以学生为主体，教师努力创设情境，让学生在情境中体验、参与和感知文章的魅力。英语阅读文整体教学模式是以培养学生的能力为主线的。阅读的步骤都是由浅入深、由易到难，能充分调动学生的主动性和创造性。只要你敢于尝试它，在教学实践中不断完善它，我相信，英语阅读文的整体教学模式一定会给你教学开辟一片新天地。

第二节　初中英语阅读整体教学设计

学习任何一门语言，都要从听、说、读、写四个方面着手。学习英语也是一样。大量的阅读可以增强学生的语感，丰富学生的词汇量，提高英语的理解能力和表达能力。初中英语阅读教学应以主题意义探究为引领，以语篇为载体，以任务驱动为导向，通过参与任务活动，有机整合主题语境、语篇类型、语言知识、文化知识、语言技能和学习策略，在描述、阐释、提炼、整合、分析、判断、比较、概括、评价语篇意义的过程中，逐步内化，形成能力，发展学科核心素养。所以，初中英语阅读教学应该回归本质，让学生通过文章和他的实际生活或他的人生产生某种关联。

一、初中英语阅读教学中的问题

阅读课教什么？初中英语阅读课教学是为了培养学生的英语素养，即阅读能力和阅读品格。阅读能力包括：解码能力、语言知识、阅读理解、文化意识；阅读品格包括：阅读习惯和阅读体验。

阅读课怎么教？我们要思考的问题首先是阅读课上引导学生怎么读？在阅读课中应以“持续默读”的方式促进学生自主阅读为主，在充分理解后才可以朗读。那么篇章需要读几遍？为了达到充分理解篇章，阅读遍数要达到4 ~ 5遍。最后的问题是阅读分几个阶段？阅读课可采用P-W-P模式，即Pre-reading、While-reading、Post-reading三个阶段进行阅读训练。

二、初中英语阅读教学的基本原则

在英语学习过程中，英语阅读是培养学生语感以及写作能力的重要途径，同时，英语阅读能力是学生英语水平的综合体现。在英语阅读教学中应遵循的原则如下：1. 理解意义在先，语言学习在后。2. 体现层次，由整体到局部再到整体。3. 先主旨后细节。4. 先表层后深层。5. 引导学生批判性思维和情感。6. 过程中渗透阅读策略。7. 基于语篇学习知识。

三、初中英语阅读教学的基本结构

英语阅读教学中整个学习过程分为读前（Pre-reading）、读中（While-reading）和读后（Post-reading）三个阶段，即P-W-P阅读模式。

（一）读前阶段（Pre-reading）

读前阶段也就是我们经常说的“大脑风暴”（Brainstorm）阶段，即让学生通过已有知识（词汇、句型、相关的课内课外知识等）对将要学习的文章进行预测，问题也就由此产生，学生会在自己的大脑中形成对问题答案的猜测。“读前”活动能调动学生学习的积极性，提高学习兴趣，并为顺利引入文章做好充分准备。

情景导入：为阅读做铺垫，可展示有效信息（图片、视频或音频等），导入课文主题或者进行“大脑风暴”活动，全班或小组合作讨论对主题的认识，时间控制在1—2分钟为宜。

教授单词：在读前讲授单词，主要是进行阅读准备，帮助学生扫除阅读文本障碍。借鉴“集中识词，反复循环”的原则，在阅读前对整篇阅读文章中的生词进行集中处理。集中处理词汇能为学生提前扫除阅读理解中的障碍，阅读课会更流畅。但是需要注意的是阅读不适合用长时间教单词，5分钟为宜，在文章中的生词量如果超过7-8个，不要用篇章讲授单词。可以充分利用教参中的简笔画教授单词，这给我们的词汇教学提供了有利条件，帮助学生将英语词汇与其所表示的事物直接联系起来，有利于培养学生直接用英语思维的能力。

读前预测：预测就是通过文章的题目、标题、数字、图片等获得读之前的一些信息，然后利用这些信息来猜测、预测文章中故事情节的发展、来龙去脉和结果，及作者的写作方法、目的、态度，等等。需要注意预测是没有标准答案的，预测的作用是为了加快阅读速度，降低阅读难度，增加阅读欲望，提高阅读兴趣。

例如：新目标英语教材八年级下册Unit 9 Singapore-A Place You Will Never Forget? 这

篇阅读材料就可以采用 P-W-P 模式教学。在 Pre-reading 阶段可以通过多种形式吸引学生积极主动地参与其中。比如① Pictures talking：谈论各国图片，引出各国的地理位置、人口、语言、饮食和环境等情况，让学生了解世界，丰富学生的地理知识，同时为下面的学习作好铺垫；② Prediction：利用标题、插图，预测课文内容是关于新加坡的哪些情况。

例如：在八年级下册 Unit 1 He Lost His Arm But Is Still Climbing 这节阅读课中，在正式阅读文章之前，根据书上给出的 2a 的问题让学生根据直观的图片提前了解一些在运动中可能会出现的意外伤害，也让学生学会意外伤害的表达方法。通过提前的铺垫，再加上根据文章所给图片和标题对文章的猜测，激发学生想要进一步阅读了解更多内容的想法。

（二）读中阶段（While-reading）

在阅读过程中，要让学生学会一定的阅读技巧，阅读技巧也就是如何在尽可能短的时间内掌握每篇文章所包涵信息的方法。那么根据不同的阅读要求，我们可以遵循由浅入深、由表及里、由整体到部分再到整体的顺序要求阅读。最终达到理解文章的内容、结构、作者的目的、态度和观点，并培养学生批判性思维和逻辑推理、推断的能力，学生能够根据提供的问题，用自己在文章中检索信息的能力回答问题并有自己的主观判断，比如推断文字背后的信息或推断作者的目的。

1. **速读**：（Skimming for the main idea）

速读是一种快速浏览的阅读方式，其目的是了解文章的大意。因此，读者不需要细读全文，而是要快速地默读，通过读文章的标题、首尾句，验证了读前预测并概况文章大意。

2. **略读**：（Skimming for the topic sentence）

略读的目的是通过快速通读和浏览全文，对文章的内容有个总体的概念和印象，我们要略去细节部分，不要花时间琢磨难句和生词，重点阅读开头段、结尾句以及每段的首句和尾句，因为这些部分往往概括了文章的写作意图和主题思想及结论。教师可以用遮盖法，只让学生阅读每段的首句和尾句，帮助学生找出每段的主题句或段落大意。

通篇略读最适合于下列题型：① What is the main idea of the passage? ② What has been discussed in the passage? ③ Where would this passage happen? ④ What are they talking about?

3. **细读**：（Scanning for detail information and specific information）

扫读是另一种快速阅读方式，其目的是从较长的文字资料中查询特定的细节内容。带着问题有目的地在文章中查找、检索出细节信息和特定的信息，如人物、年代、数据、人名、地名等，而没必要逐句地去阅读，这也是一种省时又省力的阅读方法。对故事性的文章来说，把握五个“WH”，即：who、when、where、what、why，它们就是脉搏，是文章的主要信息。教会学生在很短的时间内准确地找到目标可以利用以下几个信息：主题词、标题或图表、版式及印刷特点。

通篇略读最适合于下列题型：细节理解题：“WH”问题、填表格题、选择题、判断正误等。

精读就是进行详细地分段阅读，注意细节，处理语言点，抓主要事实和关键信息，分析段落与段落之间的过渡与衔接。并对重要的语言精华细细地在文章中品读，琢磨重点词汇在本句中的具体含义，对重点句子仿写、改写、释义，并教会学生积累语言素材。

（三）读后阶段（Post-reading）

读后阶段的目的是巩固学生对课文的理解，联系实际，拓展和延伸学生运用语言知识的能力，是课堂知识向课外延伸的能力迁移。

1. 语言运用

学完知识点后，运用这篇文章中的知识去做事，可利用思维导图梳理文章结构，对课文内容加以巩固。重视思维导图的应用，图像可以自动地吸引眼睛和大脑的注意力，它可以触发无数的联想，是帮助记忆的有效方法，而且还能帮助学生构建写作的基本框架结构。

如：八年级上册 Unit 5 《Do You Want to Watch a Game Show?》中 Section B 2b 阅读教学思维导图设计。通过米老鼠的简笔图，形象、生动地导出了文章的主题，激起了学生无限的想象。让学生说出米老鼠的相关信息，激活学生已有的内容图式。

在 Post-reading 运用阶段可以通过各种形式来完成知识的运用，如：针对段落改写、针对篇章提要缩写、写出故事线索或概要、改写、填空等。

2. 语言输出

输出就是把所学知识让学生通过自我的调整与整合，通过他的语言表达输出。Post-reading 环节可采用的活动：①再次讨论对课文主题的认识，呼应“读前”活动，深化主题内容。②用关键词语或句子复述课文内容。③写下课文的主旨大意或读后感。④预测文章的结局或尝试改变结局（口头或书面）。⑤自主阅读相关主题的课外文章或多渠道了解有关信息。⑥角色转换，从不同角度了解课文人物的思想，比如：假设你是课文中的某个人物，你会怎么做?

如：八年级上册 Unit7Willpeoplehaverobots? 中 SectionB3a 读后阶段的两个任务为例展开说明：［任务一］让学生利用思维导图对文章进行复述。［任务二］用思维导图写文章，让学生绘制“自己十年后的生活”的思维导图，并据此展开短文写作，达到语言输出的目的。

综上所述，初中教师应根据阅读课三个不同阶段的特点，帮助学生把阅读内容的主要精髓提取出来，帮助学生构建语言图式、内容图式和形式图式来促进学生理解文章内容。同时，注重对学生阅读技能的训练，让学生通过略读、跳读、细读获取相关信息，并解决问题，从而使学生掌握阅读技巧，有效地促进其阅读能力的提高。阅读理解是英语知识综合运用的体现，初中阅读教学是为完成这一从“知识向能力过渡”进行转化的实战，是英语教学的重要组成部分，教师必须用现代的阅读理论来武装自己，指导自己的教学实践。

第三节　初中英语教学文本主线整体阅读

英语阅读是一种很好的扩展学生的视野，提高学生的英语沟通能力的方式，但是英语毕竟不是中国学生的母语，因此大部分学生在学习英语时都感到十分痛苦，强大的词汇量也需要学生日积月累的努力。而文本主线阅读可以帮助学生梳理文章整体思路与结构，了解文本的真正含义。此外，文本中附带的图片一般也带有重要信息，对学生的文本阅读有重要的辅助作用，所以教师在带领学生进行文本解读时也要注重图片的讲解，从而不断提高学生文本阅读的能力。

初中阶段是学生学好英语的关键时期，具有承上启下的重要意义，在这个阶段学生已经逐渐开始学习一些常用的语法，词汇量也在不断增加，对于学生来说英语口语能力与阅读能力也可以得到很大提高，所以初中英语教学显得尤为重要。与此同时，对学生词汇量的考察也会体现在阅读理解中，是阅读教育的一大难点，而在新课改的要求下，英语教师已经普遍对自己的教学模式与方法进行了调整。其中，运用文本主线带领学生进行整体解读文本就是促进学生阅读能力，全面提高学生英语素质的一种有效手段。

一、文本主线整体解读阅读文本应用于初中英语教学实践的重要性

关于如何将文本主线阅读应用于初中英语教学实践是需要教师不断探究的，关于英语学习的核心素养有四个维度，分别是语言能力、思维品质、文化意识和学习能力。语言能力就是用语言做事的能力，涉及语言知识、语言意识和语感、语言技能、交际策略等，这是英语学习的结果最直接的表现方式，语言能力的表达与强大的阅读能力是脱离不了关系的，而文本主线阅读教学是提高学生阅读能力的一种良好手段。首先，运用文本主线阅读教学可以进一步扩展学生的词汇量，它能将重点词汇串联起来从而加强学生对词汇的记忆；其次，文本主线阅读有利于培养学生的英语思维，要知道英语的表达与叙事方式有时是不同于中文表达的，教师带领学生分析文本脉络时可以循序渐进地锻炼学生的英语表达能力从而提升他们的英语核心素养；最后，运用文本主线阅读教学有利于加强学生对文本主旨思想的认识，能够深化学生对文本的情感认知。

二、目前初中英语文本主线整体解读阅读教学存在的不足

可以说，当前文本解读是阅读教学的开端，在当前文本主线阅读也受以往的课堂教学标准与模式的影响而存在一定的问题。首先，教师在阅读教学中的确做到了文本主线讲解

的重要性，但是在实际授课的过程中，教师的教学重点还是倾向于文本中的重点词汇与重点例句，没有处理好重点句子分析与主线分析的关系；其次，教师在解读文本时太过关注学生对教材上阅读问题的解答，而不是对文本的内容与主题进行深挖。另外，学生在进行小组讨论与分享时常常会脱离文本，缺乏与文本话题之间的联系，这就从侧面反映出学生对文本主线的把握能力还是有所欠缺的。

三、文本主线整体解读阅读文本在初中英语教学中的应用

提升学生的整体阅读能力，注重文章主旨的把握。考察学生的整体阅读能力是目前阅读理解题目中的一个侧重点，也可以看出整体阅读能力的重要性。因此，教师在平时的授课教学过程中应该注意对文本整体阅读的设计，在导入文本话题时尽量保持其完整性。教师可以采用选择、填空、任务型阅读等多种形式来考查学生对文章主旨的理解，也可以将纲领性题目与细节性题目结合在一起考察，从而锻炼学生对文本主干信息的判断与把握。

注意文本的结构分析，培养学生复述文本的能力。除去培养学生对文本主旨的分析能力，提高学生对文本结构的分析能力也是主线阅读应用于初中英语实践教学的一大重要任务。文本结构分析能够将文本内容挖掘到更深的一个层次，也是对学生快速阅读能力的一种考验，相对于精细阅读，快速阅读更能反映出学生对文本核心与关键单词的把控能力。另外，在锻炼学生文本结构分析的过程中还有利于培养学生对文本的叙述能力，为提高学生的英语表达与英语思维能力提供了机会。

注意图片的解读，突出其服务功能。图片是一种十分直观的表达途径，也能充分吸引学生的注意力，并且一般图片中会蕴含着与文本联系非常密切的关键单词，所以掌握对图片的解读能力是对文本解读能力的一种捷径。并且图片解读能力还有利于发挥学生的联想能力，提升他们的创新意识，有利于培养学生的阅读兴趣。另外，学生将从图片上获得的信息与文本信息进行结合，有利于提高阅读速度，奠定对文本主体阅读的思路。

总之，素质的养成不是只靠老师课堂上的讲课就能完成的，它需要学生和老师良好的双向互动，最主要的是学生的积极学习，教师在学生学习过程的是引导和监督的作用。英语核心素养是需要日积月累养成，一朝一夕的学习是培养不起来的，对初中学生的核心素养要求不可揠苗助长，根据学生的学业水平制定合理的档次。

第四节　初中英语语篇整体阅读教学设计

传统初中英语阅读教学被视作一种综合语法与词汇的教学方式，但碎片化的教学不利于学生英语综合素质的培养。基于此，本节简单介绍了初中英语语篇整体阅读的教学优势，

并提出了语篇整体阅读教学的基本策略，希望能够为相关教职人员提供参考，提升学生的英语综合运用能力。

不同于“只见树木不见森林”的传统阅读教学模式，语篇整体阅读教学能够使用语言整体培养学生的英语口语交际能力，提升其学习积极性与主动性，有利于培养学生的英语综合素质。为了最大化地发挥语篇整体阅读教学优势，本节围绕初中英语语篇整体阅读教学策略进行了探讨。

一、语篇整体阅读的教学优势

语篇指的是实际使用的语言单位，如“A：Where is Brown from？ B：He is from America.”便属于最为简单的语篇，语法上的照应衔接使得语篇中的句子存在语义连贯。总体上看，初中英语语篇整体阅读教学具备如下优势。

培养学生的语言交际能力。虽然围绕词义解释、句子语法结构的阅读教学能够为英语学习打下扎实基础，但这一过程中学生的语言能力却难以得到有效提升。而以语篇为单位开展的阅读教学由于能够在潜移默化中传播英语语言交际的规律，能有效解决这个问题。

调动学生的积极性和主动性。英语教材教学内容多围绕较为有趣的故事展开，语篇整体阅读教学则具备更好传达文章所含信息的功能，这自然能够较好地激发学生学习英语的积极性和主动性。

提升学生的综合语言运用能力。新教材内容丰富，情景真实，可结合语篇整体阅读教学开展小组活动，营造交际情景，以此打牢学生英语听、说、读、写基础，真正提升学生英语运用能力。

二、语篇整体阅读教学的基本策略

有效指导学生预习。初中英语语篇整体阅读教学离不开学生课前预习的支持，因此，教师应结合教学内容和学生实际，有针对性地指导学生预习，在指导过程中布置相关思考题以较好地保证学生的预习质量。例如，在译林版牛津初中英语 9B Unit 2 Robots 教学前，笔者曾为学生布置过如“Can you introduce one kind of robots to us?Would you like to have a robot?What special skills do you know about the robot?”等思考题，课程内容紧密围绕机器人这一学生较为感兴趣的对象展开。因此，笔者围绕机器人为学生布置了思考题，为进一步提升学生预习质量，笔者在布置思考题的同时，还要求学生采取“一查二猜三议四问”的方法，在字典等工具的支持下进行课程准备，取得了较好的效果，第二天学生均踊跃举手回答问题。由此可见，布置思考题能有效激发学生英语学习的兴趣。

开展学生阅读素养养成训练。为夯实初中英语语篇整体阅读教学的基础，教师可以定期带领学生开展阅读素养养成训练。该训练围绕热身（warmingup）、目标（goal）、表达（expression）、读书笔记（reading notes）四方面开展，具体训练内容有：①热身。教师应选择与课文内容相关的阅读材料，按照“摘要介绍文章大意→挖掘背景知识→设置问题”的流程，带领学生迅速完成热身；②目标。通过为学生指定整篇阅读内容，要求学生归纳中心思想，具体训练中可结合小组式教学法引导学生围绕 who、where、why、what 等细节性问题开展探讨；③表达。为学生提供多种表达途径，如要求学生表达文章大意、精讲知识点和语言结构、引导学生开展辩论以发表自身见解、开展角色扮演、问题讨论及文章改写等；④读书笔记。要求学生在训练中自觉摘录关键词、句式等固定搭配，为日后的阅读、写作奠定基础。

培养学生的整体阅读习惯。受传统教学思想影响，很多初中学生在阅读英语文章往往是逐词地读，一些学生还存在摆头、玩手指等习惯动作，语篇整体阅读教学有效性就很可能受到这些行为习惯的影响。因此，教师应设法培养学生整体阅读的良好习惯。具体来说，教师应要求学生在文章阅读时，首先将句子分为意义较为完整的组群，从整体角度去把握句子含义，尽可能减少阅读中的停顿，如“We think it’s necessary that all students should learn to read and write”，为避免学生出现逐词阅读情况，教师可引导学生将该句子分为“We think”“it is necessary that”和“all students should learn to read and write.”等三部分。而在学生能够从整体角度把握句子含义并连续阅读后，教师还应继续引导学生联系所有句子，深入的理解文章内容，侧重于培养学生的英语思维，使学生能够在英语和大脑间建立绕过母语的联系。

三、教学设计实例

为进一步提升研究的实践价值，本节选择了译林版牛津初中英语 8B Unit 4《Reading Hosting a charity show》第一课时作为研究对象，将教学设计分为读前任务设计、读中任务设计和读后任务设计三部分。

读前任务设计。读前任务设计包括预习任务设计、课堂导入任务设计。具体设计如下：①预习任务设计。要求学生以小组为单位收集慈善活动、组织相关信息，并适当将收集的信息整理为可用的资料；②课堂导入任务设计。在各小组展示收集的资料后，提出“If you want to host the charity show，what will you do then？”等问题，由此引起学生兴趣。

读中任务设计。语篇整体阅读教学的目的在于使学生更好从文章中获取信息。因此，读中任务设计应避免将文章碎片式讲透，应在第一课时围绕整体理解课文来开展教学。为此，本节设计了如下读中任务：①验证预测。引导学生思考课文大意并进行课文的略读和说明；②捕捉信息。提出“Who was chosen to be the host？”等问题，通过问题引导学生捕捉文章中的重要信息，引导学生精读文章并总结各段落的主要思想，归纳文章的主题思想；③语篇分析。引导学生分析文章的布局和逻辑结构，分析过程以小组为单位，需要讨论并制作流程图。

读后任务设计。单独围绕课文内容开展的教学会在一定程度上限制学生的思维活动。因此，笔者设计了“An interview”“Discussing how to organize a charity show”“Organizing a charity show”等读后任务，以此引导各小组在课余时间开展讨论，进一步提升教学效率。

综上所述，笔者认为，初中英语语篇整体阅读教学具备较高的实践价值，通过有效指导学生预习、开展学生阅读素养养成训练、培养学生整体阅读习惯等方式，能有效促进相关英语教学理论研究和实践探索，进而提升学生的英语综合运用能力。

第五节　初中英语阅读课“整体教学”的尝试

阅读是人类的重要认知活动之一，是人类获取知识和信息的重要手段。《义务教育英语课程标准》（2011 年版）五级阅读目标规定：能读懂相应水平的读物和报纸、杂志，扫除生词障碍，理解大意。阅读课堂教学是英语教学中培养学生阅读能力的主要阵地。在传统教学模式下，没有阅读兴趣，很难锻炼他们的阅读能力。

随着新课改的实施，以及英语新教材的普及和推广，英语阅读课文在初中英语教学中随着年级的递升，比重日益加大，篇幅日益拓长。如果仍然按照传统的教学方法，逐词逐句进行讲解与传授，教师一讲到底，单调乏味，学生听得昏昏欲睡，不仅费时费力，还会严重扼杀学生学习英语的主动性和积极性，制约学生综合运用英语的水平。英语课程改革的重点，就是要改变英语课程过分重视语法和词汇知识的讲解与传授，忽视对学生实际语言运用能力的培养的倾向，强调课程从学生的学习兴趣、生活经验和认知水平出发，倡导体验、实践、参与、合作与交流的学习方式和任务型的教学途径，发展学生的综合语言运用能力，使语言学习的过程成为学生形成积极的情感态度、主动思维和大胆实践，提高跨文化意识和形成自主学习能力的过程。因此，在新课改的实施过程中，在英语阅读课文教学方面，根据课文的内容和特点，做了一些大胆的尝试。具体做法如下：

一、认真指导学生预习

预习是课文教学的一个重要环节，它不仅可以充分体现学生的学习主体性原则，调动学生主动学习的积极性，还可以培养学生的自学能力与合作学习能力。前提是教师要对学生做好预习指导工作，设计预习提纲，布置预习作业。

预习提纲一般包括以下几个方面：①掌握课文中的生词，会读、会写。②听课文录音，模仿朗读课文。③小组合作找出课文中的重点短语以及中心句。④提前阅读语法内容，先自我理解。⑤认真完成预习作业。

预习作业一般包括以下几方面：①回答课后的问题。②根据课文内容做填词练习。③

用课文中的重点词汇造句。④翻译课文，理解课文内容。

通过预习，学生一般都能识读大部分的词汇和短语，多数学生能够流利地朗读课文，并能通过小组合作完成预习作业，解决部分疑难问题。这些都为课文的学习奠定了良好的基础。

具体以人教版初二下册第一单元的阅读课“Do you think you will have your own robots？”为例。上课前，先给学生一定时间进行小组合作预习，让学生大致了解课文所学的内容，做到心中有数，会读写课文中生词，找出课文中的重点和难点以及每一段的中心句，并先自我翻译课文。组员之间互相讨论解决问题，相邻组的组长之间互相讨论部分疑难问题。这样在上课前学生基本已扫清了大部分课文学习的障碍。

二、培养学生归纳理解

阅读的目的就是要获取书面信息。阅读时不能逐字逐句地去分析语法，而是要快速完成材料的阅读，抓住大意，再深层次地去理解内容。在阅读时教师可指导学生根据不同题材、体裁的阅读材料采取不同的归纳形式去归纳材料内容，快速、准确地猎取文章信息，培养学生良好的阅读习惯。由于阅读材料题材与体裁的不同，在阅读中还可以从不同角度用各种不同的归纳方式去归纳、理解材料内容，比如，可以归纳动词，显示事件过程；归纳文章人物，突出重点人物等等，从而在阅读实践中不断提高自己的阅读理解能力。

三、课堂上精讲多练

传统教学中分节、分段、逐句、逐词教学破坏了课文内容的连贯性，不利于培养学生的语篇意识和阅读能力。新课改下的英语课文教学要求体现以课文为中心的整体性教学的特点。具体做法首先是精讲。通过精讲，主要解决学生在预习时所提出的重点、难点问题，通过启发，诱导，进行点拨性教学，对语言难点进行集中处理。其次是多练。练习可以有以下几个环节：①听录音，学生仔细模仿朗读课文，以增强语感，在朗读中整体理解课文的意思。②师生问答，以熟练掌握课文内容，培养学生的阅读理解能力。③教师提供线索，学生对课文进行复述和改写。④根据课文进行挖词填空，选择答案，词语替换等练习。通过对以上各种练习的口述和手写，保证了课文内容的整体性。学生在不脱离整体理解课文的环境中进行了语言知识的活用练习；最后，让学生熟读课文，根据老师的提示，对课文进行缩写。布置作业时，让学生联系课文，写一下自己想让机器人做的事情。这样学生对课文有一个整体深刻的理解，也逐渐提高阅读和写作能力。

四、英语阅读教学应渗透人格教育

培养具有健全人格的人是当前素质教育的目标之一。高中英语阅读教材是一套集思想性、科学性、趣味性与实用性于一体的好教材，具有很强的思想性。阅读教学应结合教学内容，寓思想品德教育于英语阅读教学中，提高学生的政治思想素质。因此，教师要努力挖掘教材中的思想教育因素，以知识为载体，适时适度地渗透思想品德以及爱国主义教育。引导学生谈谈帮助身边贫困学生，为希望工程献爱心、为灾区人民出力、为建设祖国努力学习的情况等。思考这样的问题，不仅培养了学生分析、综合问题的能力，也是对学生进行德育教育的重要环节，通过教材教育学生要学习主人公对事业的锲而不舍的精神。

总之，在一系列整体阅读训练的过程中，学生或个人阅读思考，或小组讨论作答，不仅练习了口语，也练习了写作，更掌握了阅读技巧。学习的过程中，学生始终兴趣盎然，并不感到枯燥。

第六章　初中英语整体阅读教学创新研究

第一节　初中英语阅读整体教学安排

英语阅读教学是学生在整体阅读理解感知基础上形成的认知活动过程，具有一定的主观能动性和感悟整体性。《全日制义务教育英语课程标准（实验稿）》指出，注重培养学生的阅读理解能力，能够有助于推动学生语言学习和综合运用能力的发展，能够激发学生阅读学习和探究理解的激情。从阅读教学的整体结构进行安排，能够帮助学生形成多样化的学习思维模式，优化阅读学习过程，提高学生的语言认知感悟能力，为促进他们的知识技能运用奠定坚实基础。

一、利用有效信息，知晓文章主题

阅读教学的核心是能够在通晓全文表达主题大意的基础上，注重筛选相关资料，以此提高学生快速捕捉语言信息的能力。这要求教师在教学中，根据文章的题目及起始语段的表达重点等方面的信息抓住有效信息的筛选，以此知晓文章的表达主题。利用好有效信息，更利于学生理解文章表达主题。

在阅读教学过程中，可鼓励学生根据自己的阅读认知特点和需要，采用多元化的阅读形势参与课程阅读学习，要求学生能够根据文章题目猜测文章表达的主题；要求学生能够利用好文章阅读提示了解文章的整体结构安排；利用文章中表示文章主题有效短语或者词汇等相关信息来概括文章主题。这样的阅读，不仅能够使学生加深对阅读素材的理解感知，而且能够提高学生的整体概括运用能力。

筛选有效信息，能够更好地培养学生的语言理解感悟能力。如在《牛津初中英语》（Fun with English）8B Unit 5“International Charities” 的 Reading A：An interview with an ORBIS doctor 教学中，围绕“What do you know about ORBIS doctor?”和“Why do we need ORBIS doctor?”要求学生能够全面通读全文，要求学生围绕题目中的“interview”和“ORBIS”核心词汇来深入探究文章表达的主旨意图。这样能够让学生更好地熟悉与“ORBIS”相关的语言表达信息，还能够就采访运用的相关特点进行广泛了解，以此帮助他们积累语言的文化知识。

二、关注细节环节，探究表达重点

在了解了文章表达主题大意的基础上，注重对文章细节的认知感悟，更是阅读教学的重要内容。通过对细节的了解，学生能够发挥自身的语言学习主观能动性，能够激活阅读学习思维，在此基础上，还能够更好地深入探究。

在教学中，根据文章表达的主题要求，从文章体裁要素、结构组成、人物性格特征等方面进行综合性分析研究，建议学生能够围绕表达重点进行有效的学习探究。在教学中，可要求学生能够根据阅读速度，利用划标志的形式来确定与文章表达重点相关的内容；建议学生能够就文章的阅读思考题目进行思考感悟；要求学生、鼓励学生尝试和探索运用猜测词义、思维倒推等方法来进行阅读学习，以此来提高学习效率。

在关注细节环节教学中，应该鼓励学生能够围绕文章主题找准阅读学习重点，让学生真正投入阅读学习过程之中。如在《牛津初中英语》7A Unit 3“Let’s celebrate!”的“Getting ready for Halloween”教学中，根据文章“How to have Halloween?”的表达主题，建议学生能够找出与“What do we do on Halloween?”相关的信息，以此来确定文章表达的重点内容。在教学中，可要求学生针对“celebrate”的运用方式找出一些关键词汇，如 Play a trick or treat. 等，便于学生加深理解感悟和综合运用。

三、运用多元表达，升华阅读理解

学生阅读学习的过程其实就是他们接收和理解运用语言知识的过程。帮助学生从阅读学习过程中解放出来，引导学生能够运用多样化的学习表达形式呈现自身的阅读学习思维，不仅是深化阅读学习的需要，更是提高学生阅读理解能力和语言综合运用能力发展的必然选择。

在教学中，根据学生的阅读学习过程，鼓励学生运用口语表达、书面笔记等形式来表现自身的阅读学习思维，让学生的语言知识转化能力得到提高，激发更大的学习动力。教师要鼓励学生各抒己见，大胆表达，以此培养他们的质疑和创新学习意识。可建议学生就自己的阅读学习感悟，通过语言表达展示自己的感悟，以提高阅读理解能力。

综上所述，阅读教学的有效性是基于整体教学结构合理安排的综合体现，贯穿于阅读教学的过程之中。整体教学结构安排，应该突出：①找准文章表达主旨意图，做到“心中有底”。②运用多元阅读思考探究，做到“明察秋毫”。③鼓励表达运用，做到“学有所用”。

第二节　初中英语整体语言阅读教学

在初中生的英语学习中，要注重培养整体的英语思维，熟知两种语言结构之间不同的文化内涵，使之能熟练运用综合性的语言系统能力。为了达到这一培养目标，必须要逐步训练学生的阅读能力，培养浓厚的阅读兴趣。整体语言教学法已逐步运用在初中英语阅读教学中，因此笔者研究调查了这一不同于传统课堂的教学法在初中英语阅读中的运用。

在传统的英语教学模式里，把单词、语法和听说读写切割得太零散，对"知识点"的教学花费了过多的时间。为了转变这种模式，运用整体语言教学法的阅读指导方式来刺激和影响初中生的英语阅读能力。本节着重探讨了整体语言教学法在初中英语阅读教学中的运用。

一、整体语言教学法

（一）整体语言教学法的概述

整体语言教学法起源于二十世纪六七十年代的美国，主要的提倡者是古德曼，他认为每个人各方面的语言能力都不是孤立发展的，如读写能力和听说能力往往是在相辅相成中共同进步的，这需要一个自然的真实的整体的语言环境，语言学习不应该处在长期的被肢解的状态中，而是应该将单词、语法等基础结构纳入长期的读写教学与训练中。

（二）整体语言教学法的特点

整体语言教学法所具备的最重要的特点便是整体性，主要由以下几个方面所体现：

（1）语言的整体性。整体语言教学法提倡整体大于各部分之和，将长期被拆解的单词、语法、听说以及读写结合起来，纳入一个整体的语言环境中。在阅读英语材料时，要求学生掌握整体性的内容以及其内在的逻辑，在每一次的阅读中潜移默化的提高学生的整体英语水平。

（2）语言环境的整体性。语言学习需要沉浸在自然的真实的语言环境中，在学习第二语言时，很难去当地体会到完整的语言环境以及文化风俗。这需要教师在课堂上为学生创造一个整体性的语言环境，比如课前放映几分钟的英文视频，并通过这个视频引入课堂上需要讨论的话题，分小组进行探讨交流；再由不同的学生将其讨论结果表达出来，再由教师总结重点，培养学生思考、探讨、交流、组织语言、勇于表达的英语能力。

（3）学生的整体性。整体语言教学法提倡发挥学生的主体性，学生在课堂上的语言错误表达不应受到苛责，教师要鼓励学生学会勇于表达、不怕出错的心态。比如教师可以在课堂上模拟西方节日，由学生自主去了解西方节日的背景文化，搜集资料，并在课堂上尽可能真实的模仿某个西方节日的生活，在这一天可以做什么，有什么有趣的故事，都让学生来自主的表现。教师需要鼓励每一位学生所付出的努力，增强其自信心，激发学生的学习兴趣。

但整体语言教学法还应注重真实性这一特点。在整体语言教学法的逐步发展中，逐渐适应现代的教学环境，注重选取真实的教学材料。比如给学生提供英语时事新闻，英语小说，让学生与英语建立真实性的联系，并随时能运用所学的知识获取想要的资讯，从而开阔视野，放眼看更大的世界。

二、整体语言学习法的运用原则

（一）以语言的整体性为原则

注重先整体再部分的教学方式，在整体中学习，不要拘泥于局部的知识点。传统的英语教学方法习惯于先教导单词音标、拼写、词组、语法等，而整体语言学习法认为应先阅读整篇的英语材料，再从中选取重点进行局部讲解。比如让学生阅读适合初中生阅读的英文小说《鲁宾孙漂流记》，先引导学生简单的通读一遍，这时学生会在阅读之后提出不懂的地方，教师再分别从单词、语法、结构、背景等方面仔细的进行讲解，让学生在连贯性的阅读与思考中提升语言逻辑能力以及阅读能力。

（二）以学生为中心的原则

初中生在学习知识时更应注重培养其主体地位，对其今后的学习和发展都有重要的影响。在阅读教学中，教师要充分调动学生的主动学习积极性，比如引导学生阅读《鲁滨孙漂流记》后，将学生分配为不同的小组，提出“假如自己被困在荒岛上要如何求生”这个令学生感兴趣的问题，学生在这讨论过程中，会重新翻看文本进行印证，并在这个合作过程中锻炼自己的思维组织、逻辑表达等能力，充分发挥了其主体性作用。

（三）以课堂启发性为原则

运用整体语言教学法指导初中生英语阅读时，要避免过分严肃的课堂氛围，要在轻松有趣的环境下进行，减少学生面对不熟悉语言所引起的烦躁和紧张感。让学生真正意识到英语的有趣，发现英语文化的魅力，体会英语阅读的乐趣，加大对学生的语言输入与输出。教师在此过程中主要起到启发的作用，尽量避免枯燥的学习课堂。

（四）以材料的真实性为原则

在前文提到整体语言学习法注重真实的自然的沉浸式的语言环境，因此教师在选择英语阅读材料时应当遵守真实性的原则，避免虚假夸张的读物。恰当的英语阅读材料能避免学生的抵触心理，学生也能更加投入地去阅读和理解，提出不懂的问题，教师对症下药解决问题，使学生在此过程中充分的发挥学习的积极性。但在我国目前的初中教学体系中，初中教材是主要的学习材料，教师要分配好教学时间和任务，在初中教材的基础上，选取更多的兼具趣味性、知识性和真实性的阅读材料，最大程度的提升初中生的英语能力。

初中生正是接触和学习英语的最好时机，这是为今后打下坚实基础的重要阶段。整体语言教学注重整体性、真实性的特点，使得课堂不再沉浸孤立的知识点的教学，而是发挥了整体大于各部分之和的最大效用，提高学生的英语学习兴趣、英语理解能力、英语运用能力。

第三节　初中英语阅读课整体分层教学

对于学生英语阅读能力的考查是综合英语整体运用能力的重要保障，英语阅读课程教学也是初中英语教学的重点之一。在进入初中之后，学生的阅读能力分化现象较为严重，如果能够进行分层教学，对于学生的整体阅读能力提升也能起到一定的帮助。

一、分层教学概述

分层教学是指可以按照课程大纲，观察每个学生的学习状况，建立不同的学习目标，根据程度不同的学生具体情况给予不同的辅导，使每个学生都能得到有效的进步与发展。简单来说，因材施教的思想教育与分层教学的教育理念不谋而合。每个学生都会由于智力、兴趣爱好、情感等多方面的原因，拥有不同的学习基础和学习能力，如何保证不同情况的学生都能够提高相关成绩，是非常重要的。在进行这样教学时，对于学生不能够用统一的标准进行要求规定，学生达到各自的基本目标，尽可能地调动学生主动学习的意识，使他们能够按照实际情况取得足够的进步。

分层教学首先需要对学生的学习能力进行考察，对不同基础的学生进行明确的划分，根据各个学生的学习情况因材施教。

其次，根据不同学生的学习基础，进行教学目标制定，这一过程为教学目标分层，可以有效保障教学任务的完成。传统的教学方式对于不同层次的学生并不能起到优良的深层作用，举例而言，通常老师会表扬 90 分以上的学生，但是对于中等程度的学生和基础较弱的学生来说，这样的目标对于普通学生来说过于严格，很容易打击学生的自信心，无法有效调动他们的学习积极性。

最后，掌握了学生的具体情况，使学生有相应的学习目标。同时，要注重采用合理的教学方法，教学方法分层根据先前制定的学习目标和学生的情况，对不同情况的学生采用不同的教学方法。

二、教学策略设计

在进行课堂教学的过程中，教师要对班内学生全面关注，让优秀的学生能够得到提高，中等的学生能够进步学，差生也不会被落后。

作为中学英语教学老师，提升个人教学能力是十分重要的。在具体的教学过程中，为了保证分层教学的顺利实施，需要对班级内各个同学的学习能力和英语基础有足够的了解，只有老师拥有足够的教学能力，拥有进行分层教学设计，分层教学课堂内容制定和准确对不同学生的基础、能力进行分析，才能够更好地发挥在课堂中的引导作用，提升同学们英语能力。

课前预习设计。通过课前的阅读预习要求，能够对自身的状况拥有足够的理解，也便于学生在上课的过程中进行查缺补漏。举例来说，对于阅读基础较好的学生，可以建议他们在预习时可以自主对课文内容进行相应的理解，进行标注中文，标注出相应的难词生词，解决词汇和简单句问题，或者对长句难句进行摘抄或标注；对于基础中等的学生，他们能够初步对课文进行理解，了解课文的大意，通过阅读理解相关问题的设计，例如让学生在课文中标注出文章的中心句；对于基础较弱的学生，更多的是培养其阅读探究的能力，提出的相关问题也设为较为简单的。可以要求学生在课文中摘抄文章内容的主要人物，要求基础不同程度的学生进行相关的预习，让学生们能够更好地理解文章，也便于整个课堂内容的顺利进行。

教学环节中的分层设计。具体教学过程是在预习之后进行的，在具体教学过程中对学生的预习结果进行检查，并且在课堂讲解的过程中，对相关问题进行提问，对于较难的需要较大词汇量和深度思考的问题，可以选择由优等生进行回答；对于较为简单的问题，可以要中差等程度的学生进行回答；有关英文短句写作和感想类的自我叙述，可以考虑由优等生来回答；而对于对阅读中文章主旨内容的问题，可以考虑由中等学生进行回答；对于简单句翻译，可以由基础较为薄弱的学生进行回答。在课堂过程中，要求学生能够对阅读文章进行精读，同时，通过回答教师提出的问题，能够更好地理解全文，并辅助学生对文章相关知识产生更深刻的认识。

课后阅读任务分层设计。在进行课堂教学过后，还需要进行课后的阅读训练，这过程对于学生个人能力的提升是十分关键的。在这一过程中，可以要求学生对文章中的相关知识点，根据自己的学习情况进行总结，将所学到的字词、短句、语法等相关内容进行摘录整理，从而对整个课堂内容进行复习；也可以要求学生对自己掌握的学习内容进行相应的发言与交流，加深对英语阅读文章内容的理解。

结合上述根据学生不同程度的能力进行相应的教学，保证学生能够通过努力得到一定的提高，分层教学的方式可以防止由于设定目标较高，对基础较为薄弱的学生引起畏难心理，失去对英语学习的兴趣，也防止因为需要照顾基础较弱的同学，导致优等生无法学到足够的知识，学习能力不能得到提升。分层教学作为一种教学模式，本身还是存在众多的问题与挑战，如何适应大班教学，尊重学生个性并满足学生的不同要求，需要继续探讨与思考的，但这种方法是值得尝试和发展的。

阅读课教学是初中英语教学的重要内容之一，学生阅读的重点在于对知识的理解和运用，阅读教学的目的在于培养学生的阅读能力。有效的阅读活动是培养学生个性、发展学生智力的“以学生为中心”的活动，是一个综合运用语言知识的过程，是一个充满积极思维活动的过程，也是一种培养创造性的实践。

目前在初中英语阅读课的教学当中，“整体教学法”是一种运用最广泛的方法。“整体教学法”以其“语言形式、意义和功能相统一的语言三维观和传授知识与培养能力相结合的教学模式”显示出得天独厚的优势。但是面对初三学生英语水平参差不齐的现状，如果我们照搬使用“整体教学法”，往往会使“优秀生吃不饱，中等生难提高，学困生受不了”，从而使一批中下水平的学生对学习失去信心，在课堂上“掉队”，形成“两极分化”现象。

阅读课整体分层教学是以学生为主体的教育，它以“整体分层”为主要教学途径，所谓“整体”是指在阅读课堂教学中的一个班；所谓“分层”即在同一个班内，在同一课堂教学过程中，因材施教、分层教学。整体分层既保留了传统整体合一教法的优点，又在指导思想与做法上明显的实施分层，针对学生思维和阅读能力的差异，合理设计思维层次，有“分”有“合”，“分”“合”并举，做到“先粗后细由浅入深，由表及里，分层次深化英语课堂教学”，达到提高学生思维能力的目的。在整体教学过程中，教师根据不同学生的认知水平，设计出适合各个层次学生的问题，然后根据问题的层次进行解答，将分层教学融入阅读课的整体合一的教学中，从而做到让“优秀生吃得饱、中等生易提高、学困生受得了”。英语课整体分层教学的课堂教学步骤为：课前活动→新课引入→快速阅读→细嚼慢读→复述→讨论→小结。

（一）课前活动及新课引入

重视能力培养，尤其是自学能力的培养，是义务教育新教材最大的特点。新教材十分重视对学生主体意识的培养，强调学生在阅读中提问。预习是课前活动的主要内容，是课堂教学的准备。预习时要求学生做到：能拼读生词，了解词性、词义，听课文录音，初步了解和熟悉课文内容，并在预习中提出问题。学生每天自觉完成这些预习作业并通过家庭作业本向老师进行反馈。教师通过这种方式便可及时检查学生预习情况，了解学生预习当中的难词、难句，这些都为课文的讲解提供了重要信息。这种引发型的提问，有利于吸引学生的注意力，激发他们的求知欲望，为快速阅读做好准备。

（二）快速阅读

通过默读快速阅读课文，让学生捕捉有关信息，了解文章的大意。教师在学生快速阅读以前提出指导性问题，同时，运用投影片上教师事先设计好的“True or False”题目，来检测学生对文章大意的了解情况。在这一教学过程中教师对学生进行分层提问，各层的问题由各层的学生回答。通过分层提问，检查不同层次的学生对课文内容整体了解程度。这种“疏导型提问”可以帮助学生掌握课文大意以达到快速阅读的目的。

（三）细嚼慢读

在快速阅读后，教师让学生找出各段的主题句，概括中心思想，然后在黑板上写出文章的“Key words”，再进行“Why、When、What questions”练习。Why、When、What questions是对不同层次的学生进行“深层提问”，其目的是促进学生加深对课文内容的理解。问题围绕着课文的中心思想、段落大意和学生的不同层面而设计，在忠实课文内容的基础上，提取了文章的精华，突出了文章的重点、难点和疑点，把知识性、趣味性、实用性和创造性等问题进行系统的安排，引导学生不断地从简单问题向深层问题过渡。通过找主题句和“Key words”，对课文有了进一步的了解，教师再提出分层次的Why、When、What questions请不同层次的学生回答，做到分层递进，扩展学生的思维范围。在解决了学生对课文内容的理解及完成了Why、When、What questions之后，教师应疏通阅读的重点、难点和语言障碍，对文中有关专业术语和背景文化知识等阅读重点及时进行讲解，对一些新的词组、句型结构、语法等语言障碍进行释疑。

（四）复述课文

通过师生的细嚼慢读和不同层次的提问，增加学生的锻炼机会，加深对文章的理解，在此基础上运用黑板上“Key words”，让中、高层次的学生复述课文就显得比较容易。学生复述以后接着做“Key words”的文章缩写练习，起到对文章理解的巩固作用。

（五）讨论及小结

通过中、高层次学生对文章的复述，学生对文章内容的了解更具体，然后设计不同层次的讨论主题，组织学生讨论。通过这种探讨性的高层提问激起学生求知的欲望，即席性和创造性地使用语言，提高学生的想象力和思维创造性，促进听说能力的提高。在小组讨论中，教师运用投影片呈现一个扩散思维问题，让学生进行讨论式回答。这一环节是对前一环节的总结和复习，又是对课文教学的进一步深化，不仅有利于促进学生语言的系统化，更有利于促进学生的应用能力，开发学生的智力，提高学生的语言表达能力，达到良好的教学效果。

初中英语阅读课整体分层教学既能使中、下学生对阅读课充满信心，积极参与课堂教学的各项活动，努力达到教学的基本要求，又能使优秀学生在同一教学过程中掌握基础知识、基本技能的同时，达到深刻领会、熟练运用、融会贯通的目的，大大提高了不同层次学生的阅读理解能力，充分体现面向全体、全面发展的“教育导向”，体现了“个性与共性”的辩证关系，体现了以学生为主体，教师为主导的教学原则。正如布鲁姆所说：“只要提供足够的时间和适当的帮助，百分之九十五的学生能够学习一门科学，并达到高水平的掌握。”通过运用整体分层教学，在阅读课的教学上尽量适应不同层次学生的需要，提供不同层次的多样化的教学材料，最大限度地调动每个学生学习积极性，从而使大多数学生的阅读能力都能得到良好发展。

第四节　初中英语阅读课文整体教学

在初中英语阅读教学中，许多初中英语教师由于教学方法陈旧单调，导致学生对阅读感到乏味而失去兴趣，因而很难提高他们的阅读能力。英语教师应积极探索有效课文教学模式，激发学生的阅读兴趣，发展学生探究学习和合作精神，提高学生分析判断能力。

在初中英语教学中，课文阅读教学有着重要的地位，它是培养学生阅读能力很关键的一个环节。可是有些教师在英语阅读教学中，有的把阅读当精读，在教学过程中讲解生词、逐句逐段分析句子语法和结构；有的教师则把课文阅读当作课外阅读，讲了文章大意后对对答案完事，学生仅了解一些内容和情节。那么如何提高英语课文阅读教学的有效性呢？我们可以尝试遵循以下教学模式，力求达成提高学生阅读能力的目标。

一、整体感知课文，激发阅读兴趣

介绍与课文相关的人文和自然背景，特别是英美等西方国家的地理历史和风俗习惯等方面的资料。比如关于圣诞节的内容，阅读前可以介绍圣诞节来历、圣诞老人、圣诞树、圣诞礼拜等习俗。还可以谈论课文相关的话题，或展示有关的实物、图片等，唤起学生的阅读兴趣，加深对阅读内容背景的了解。如在教学仁爱英语 Book Ⅱ Unit7 Topic1“Craig Kielburger”一课前，可以先让同学们欣赏了一段“Craig and Free the Children”的录像，然后让他们谈论“What do you think of Craig and Free the Children?”激发阅读兴趣，同时引出了课文的主题。

帮助学生消除生词对课文内容理解的障碍。学生可能猜得出的生词要让学生先猜测，猜词能力的培养比动手查字典更有意义，这也有助于学生提高阅读速度。可以引导学生通过上下文线索和同义词、反义词及构词法等多个角度去猜测词义。

要善于引导学生从课文大小标题、段落布置、插图等相关信息揣摩并讨论课文内容；也可根据课文的结局、隐含的情景事实进行发掘。

通过设置情景，提出富于兴趣的问题激发学生的阅读动机。如：仁爱英语 Book Ⅱ “King or Queen for a Day”，在阅读前先给出几个能概括全文中心思想的指导性问题：如 How do students in Canada and America raise money for spring field trips?What are the special rights for the king or queen on that day?Do you want to be a king or queen like this?

二、深入理解课文，检查阅读成效

粗略地阅读全篇，掌握课文内容的大概。通过跳读式阅读，抓文章细节，找关键句、主题句。提出细节性问题，让学生获取课文中有关 who，what，when，where，why，how 等基本事实。详细、逐行阅读课文，找出课文重点，解决内心存在的疑点，掌握课文的全部内容。从所读内容中受到启发，在特定的语言环境中有针对性的解决语言点问题。检查学生对课文的熟悉情况。可以通过选择题、True or False 判断、Yes or No 和一系列 Wh 问题、完形填空等形式来完成。

三、深化阅读任务，巩固提高能力

学生运用知识的能力，是在不断练习中逐步地发展和完善起来的。为使学生顺利地掌握阅读的技能、技巧，教师要注意阅读练习的数量和质量，特别要注重阅读任务的设计。

（一）就课文提出各种问题，这些问题可以是以下几类

语言点问题：根据阅读材料，教师可以精心设计一些浅而易懂的语言点知识“小问题”。学生通过快速阅读，了解了文章的主要内容就可以很容易找出答案。这样，他们体验到成功的乐趣，从而提高他们的参与积极性，进而激发他们阅读的兴趣。

整体理解性问题：词汇、语言点问题解决后，教师可以精心设计一些“大问题”，促使学生仔细梳理事件发生的人物、时间顺序，人物的语言和行为，从而把握文章的整体。同时，根据学生对这些大问题的掌握情况，教师可以精选一些重点章节和段落引导学生加强朗读，在这个过程中进一步加深对课文的理解，体会作者的情感、态度和写作意图，从而切实培养学生的阅读和分析能力。

趣味思考性问题：在把握课文的整体和解决了语言点后，老师还可以精心设计一些让学生相互讨论并能激发兴趣的开放性问题，促进学生提高信息捕捉和加工能力，预测事件的情节发展的能力。这不但能激发学生的学习兴趣，形成积极的学习态度，而且发展了学生探究学习和合作精神，提高了学生获取和处理信息的能力。

如：在仁爱教材“Uniforms”一课，可以把问题设计为：

阅读短文，回答语言点“小问题”：What are the functions of uniforms?How many kinds of uniforms are there in the text?What are they? 通过思考回答，学生初步了解制服的功能作用和种类等。学生能较容易地回答“小问题”，既增强了他们的信心，又提高了他们参与积极性。教师在这个过程中借机讲授本课的关键词汇 reason，patient，spread 等。

阅读文章，思考整体理解性“大问题”：What do you think of the uniforms?Are they important?What do you think of school uniforms? 学生快速阅读后，回答以上的“大问题”，表达了对问题的看法和评价。如此，学生加深对重点段落和全篇的理解，进一步激发了学生的阅读兴趣。

趣味思考性问题的设计和使用：Do you want to design your own uniforms?If you can design your own uniforms，will you wear them every day? 回答解决了这类问题，使阅读效果得到升华，也实现了三位一体的目标。

（二）复述课文

这是课文教学中以内容为中心的常用练习方法，可以先进行教师引导式复述，进而逐步进入学生独立自由复述。引导方式有：提纲式、关键词、表格及图画等。启发学生用自己的语言复述课文内容。如：“Uniforms”一课，可以呈现下面的表格让学生复述。

组织学生当堂朗读和表演，能活跃课堂并促使学生积极地配合教学，教学效果很好。将阅读教学与写作有机结合，引导学生改写、续写课文。由于有课文作为参照，这样学生写起来比较得心应手，体验到成功后，能大大增强学习英语的自信心。教师若能向学生展示自己改写、续写的文章，效果会更好。如：“The Little Match Girl”一课，可以让学生给课文改写其他种结局。“If the little match girl happens to meet a kind-hearted lady，will she have a rich dinner or will she die？”学生满怀兴趣，可能会写出了许多不同而有趣的结局，自然也就达到了教学目的。

英语课文阅读教学是一个值得我们积极的探索课题，相信通过我们的努力，将会涌现出更多科学有效的英语阅读教学策略和模式，来培养和提高学生的阅读能力。

第五节　初中英语语篇教学整体到部分阅读

英语阅读教学是初中英语教学中一个极其重要的组成部分，因此加强对学生英语阅读能力的培养，对于提升学生的英语综合水平具有不同寻常的意义。语篇分析法是近些年来新兴的一种阅读教学方法，它以阅读文章的整体为一个单元，然后逐字逐句地分析段落与段落、段落与单词之间的关系，让学生从多个角度对文章进行理解。在本节中，作者结合自身的教学经验，以鲁教版英语教材为例，分析了语篇分析法在初中英语阅读教学中的应用。

一、注重对阅读文章中单词、句子的理解

绝大多数的老师都认为，语篇分析法就是要从文章的整体结构出发，让学生对文章整体进行理解。虽然说这种观点是没有错的，但是存在一定的片面性。之所以采用语篇分析法进行教学，就是为了让学生对英语阅读文章有个更深刻的理解，而运用语篇分析法的首要基础就是加强对词、句的理解，这是语篇分析法的一个重要内容。老师不能忽略每一个句子，甚至单词，对一些关键词还要进行重点讲解，找到它们之间存在的逻辑关系，通过抓住文章段落之间、语句之间的内在联系，能够很好地帮助学生理清事件发生的先后顺序，以及作者的写作意图。

比如：我在讲解《How I learned to learn English》这篇课文时，其中有一段话是这样的“Then one day I watched an English movie called Toy Story.I fell in love with this exciting and funny movie!So I began to watch other English movies，too.”在这段文字中，如果我们仔细阅读，就会发现字里行间存在的联系。比如 one day 这个词，通过这个词汇，我们就能了解事件发生的过程，and 表示并列，在这里是说电影既有趣又刺激。这样分析之后，就会更加明晰文章的脉络。因此，在初中英语阅读教学中使用语篇分析法时，一定要让学生注意这些逻辑性较强的词语，从而为整体理解文章打下坚实的基础。

二、注重对段落结构的掌握

在进行初中英语阅读教学的过程中，通过应用语篇分析法，使学生对于文章的主体层次以及脉络能有个更准确地掌握，还能帮助学生理清段落结构，使他们掌握更多的写作方法，提升他们的写作水平。教师在开展阅读教学时，不要操之过急，要从段落入手，让学生总结段落大意，并找到段落之间的关系，理清文章的整体脉络。对文章段落的总结，就是掌握文章主题思想的第一步。将所有的段落思想都理清后，学生就能从整体上对文章有所了解。

比如：在讲解《Where did you go on vacation》这篇文章时，就采用语篇分析法，从图片中能够清楚地看到一段对话。一个男生问“Where did you go on vacation？”另一个女生回答道“I went to the mountains”将其翻译过来，就能够大致了解到这段对话是：男孩子问女孩子假期去哪里玩了，女孩子说自己去爬山了。在接下来的练习中，都是围绕这一主题展开的。然后同学们之间两两进行对话，或者大家自行分组，用英语进行互问互答。通过这种方式，就能够让学生彻底明白这篇文章讲述的是关于度假的事情。可见，这种由分析文章中的某一段话，到理解整篇文章的语篇分析是一种较好的阅读方法。

三、注重对初中生推理思维的培养

初中生在分析英语阅读文章时，推理思维起着很重要的作用，它能够帮助学生正确地理解一篇文章所要表达的内容以及作者的写作意图和情感。无论是分析词语、句子，还是分析段落之间的联系，都需要具备一定的推理能力。在对初中生的推理思维进行培养的过程中，需要将学生的阅读重点放在对语言深层次含义的理解上，还要分析这个单词在不同语境中的不同含义，从而逐渐掌握英语学习的技巧，以及英语文章的写作特点。

我们以“little”这个词为例，单拿出来这个词，我们知道它是“小，少”的意思，但如果我们把它放到不同的句子中，就会赋予它一些新的含义。例如：你向你的朋友借钱，但是他只剩下两块钱，这时候两句不同的话，所表达出的意思也就完全不同。“There is a little，you can take some.”以及“There is a little，I am short of it too.”两句话的第一句都是表达出自己还剩一点钱，但是前者的意思是我可以借给你钱，后者则是说我不能借给你，我也很需要。将同一个单词放在不同的语境中，能够让学生加深对这个单词的印象，还有助于他更好地理解单词的意思，从而真正提升读者的阅读能力。

四、注重对非语言知识的使用

所谓非语言知识，就是指一种语言内在的文化底蕴，换句话说就是方言，非正式性的语言。通过对非语言知识的学习，能够帮助我们更好地理解文章。比如，有一次在阅读一篇文章时，文章中有这样一句话：You are a lucky dog. 大家顿时面面相觑，感到莫名其妙。不了解外国文化的人就会认为这句话的含义是“你是一只幸运的狗”，但实际这句话是说“你这个幸运儿”。所以，学习外国文化，能够帮助我们在阅读过程中更好地理解文章。而这些外国文化知识的积累，可以通过互联网查资料，或者关注外国新闻、浏览外国杂志，还可以欣赏外国电影等等，都可以帮助学生们获取更多的非语言知识相关的素材。

综上所述，我们能够了解到语篇分析法是基于对字、词、句以及段落之间关系的分析，进而对文章的整体加以理解的方法。将语篇分析法应用到初中生英语阅读教学中，能够帮助学生进一步提高自身的阅读能力，归纳能力、推理能力、分析能力，以及交流能力。语篇分析法能够帮助学生根据语境推断作者的意思，找到文章主题，还能学习到语言知识，从而达到我们预期的教学效果。

第七章　多媒体技术下的初中英语阅读教学

第一节　初中英语阅读教学中的情境创设

在初中英语教学中阅读是教学中的重点部分。教师有效的教学方法能够调动课堂学习氛围，给学生创造无限的学习欲望。而初中阶段的学生正是习惯养成和能力提升的阶段。在教学中教师采用情境教学的方式不仅能够提升学生对英语阅读兴趣，还能帮助学生养成良好英语学习习惯。基于此，本节就以初中阅读教学为例，详细叙述在阅读中如何科学合理创设情境教学，旨在提升学生阅读的有效性。

素质教育下的初中英语课堂，教学目标得到进一步的升华。在教学中教师要在听、说、读、写的基础上，让学生能够将学到的知识运用到实际生活中。语言的核心也是保证日常交流和表达真情实感，真正能做到交流和沟通才是语言学习的真谛。因此，教师在学习英语教学时，可以通过情境创设的方式增加学生阅读和口语练习的积极性。即在初中英语教学中情境教学通过模拟对话、图片等趣味方式，为学生综合学习质量的提升奠定坚实的基础。

一、创设游戏情境，激发学生参与兴趣

初中英语阅读是课堂教学的难点也是重点，课堂教学效果不佳，其内在因素还需要教师在教学中做好相关问题的分析，立足学生学习现状去选取科学合理的教学方式。例如，在教学《Unit9 My favorite subject is science》时，本节内容主要讲述的是学生对科学的认识。而作为英语教师在引出今天教学内容时，可以通过与学生之间的谈话了解学生对科学的认识。并适当时候加入与本节课谈话有关的英语单词，让学生对本节课有初步的认识。当学生注意力集中以后，教师就可以采取抽签的方式来组织本节课内容。教学内容可以分为三个板块，单词教学、短语造句、课文阅读畅谈。教师根据学生分为三个组，每个组派个代表以抽签的方式抽取，抽到哪个板块，对应的小组就要进行小组之间合作讲解抽到的内容。根据模块的类别教师给学生分配不等的时间，从而进行课堂教学。因为本节课特殊可以有一定的延伸性，因此，教师在教学时可以适当地对课堂进行拓展。如法国作家让·亨利·卡

西米尔·法布尔的《昆虫记》推荐给学生，让学生在课余时间可以进行阅读了解。为了让学生更加喜欢阅读，教师可以在课堂上进行阅读比拼，获得第一名的同学可以借助电子白板，在黑板上进行“刮奖”。而奖项可以是“一等奖（笔记本一个）、二等奖（铅笔一个）、三等奖（分享一个阅读小故事）”。这样，抽到三等奖的学生就要跟同学推荐或者分享有趣的英语故事。这样学生就会在学习的过程中，进一步的促进学生良好的学习习惯的建立。

二、创设故事情境，营造阅读氛围

好的阅读习惯必须在好的阅读环境中养成，但是好的习惯又需要好的阅读材料做支撑。因此，教师在教学中就要从学生的阅读材料入手，从而喜欢上英语的阅读。阅读理解就是学生对英文文本的理解与分析研究，在这个过程中，学生要逐步学会抓住关键内容，并且能够整理出相应的语法知识点等。教师要在平时的教学过程中挑选适合学生阅读的题材内容：首先，初中生阅读能力与自身学习能力有关，这就需要教师在进行材料选择上慎重一些。比如说材料中包含一些小动物，或者其他花花草草，在情节上需要有故事情节，和人物关系，可以是寓言类等。如果阅读有音频辅助材料就更值得选择了，在读与听的双重发展下学生的阅读水平将会得到大幅度的提升；其次，教师要针对学生的英语阅读层次选择阅读材料，在引导学生阅读课外材料时要将各种英语材料的范围搭配、各种长短不同的文章搭配、各种难易度不同的文章搭配，学生可以在教师指定的范围内挑选自己想学习的内容；最后，教师可以给学生订阅一些英语时报，让学生在课余时间可以从报纸上了解时事，并且学生在阅读的过程中自然的水平就会得到一定的提升。

三、创设生活情境，拉近英语与学生距离

初中英语课堂教学是一门语言学科，良好的语言基础可以促进学生各方面的进步。因此，在初中英语教学中能够激发起学生阅读欲望。学生在学的过程中主动了，那么在探究的过程中就会勤于动脑，让学生逐步养成获取搜集和处理信息的能力。例如，在教学七年级下册《Can you play the guitar》这一课程时，教师可以根据学生进行自愿结组，然后以对话的形式来进行练习，练习的内容不仅仅体会在课本知识上。还可以对英语的学习进行有效的拓展，让学生谈一谈在生活中自己喜欢的音乐和乐器，和家人一起参加过的音乐活动。这样具有生活化的话题就会让学生在英语学习时有促进性作用。而教师在教学中要把控好整个教学的这个点，能够让学生顺着自己的教学逻辑一步一步地去探究本节教学内容，记住教学中的重点情态动词“Can”和动词“Play”的用法。教师还可以进行进一步的拓展，将英语课堂变成一场“音乐会”这样在音乐的衬托之下让每位学生都能够畅所欲言，发表自己的感言，学生在说的过程中就会认识到自己单词、词汇等方面的匮乏，进而课下时间就会进行阅读来弥补自己的不足，达到提升阅读教学的目的。

综上所述，情境教学在初中英语教学中的应用是非常重要的，充分运用情境教学的优势，建立轻松愉快高效的初中英语课堂，为初中英语教学质量的提升起到一定的积极作用。借助情境教学模式的应用，我们还能够进一步的完善初中英语教学体系，拓展初中英语教学方法，丰富初中英语教学内容，为初中生英语综合能力的提升奠定坚实的基础。

第二节　多媒体对初中英语教学重要性

初中英语作为教育的重要组成部分，其关系着学生日后的发展。但随着英语课业的增多，部分学生逐渐失去了英语学习兴趣，且产生了厌学心理，如何进行高效教学成为初中应用教师的一项难题。在当前时代背景下，应有效利用多媒体技术调动学生的主动性和积极性，以此增强教学效果，使学生对于英语不再厌烦，进而为日后的学习生活奠定基础。基于此，本节对多媒体技术在初中英语教学中的应用进行探讨，并提出具体的运用策略。

多媒体概念于 2005 年被提出，其可以将互联网与教育相结合，我国自 2006 年起颁布了多项措施以提升教师应用多媒体技术的水平。随着教育综合改革的深化，新颖、高效的教学模式逐渐在初中英语课堂教学中替代了传统教学模式，如多媒体技术的应用便改进教学方法，其能够依托互联网激发学生学习的积极性、参与性，以此实现课堂教学的改革与创新，帮助学生将英语知识深化理解，开拓出英语核心素养的培养路径，形成自主学习和合作学习能力，达成当前初中英语教育的目标。

一、多媒体技术在初中英语教学中的意义

在初中英语教学中，需要以核心素养培养为出发点，利用多媒体技术将英语主导地位交给学生。在当前新课程改革视域下，教师不仅需要做好英语教学，更需要促进学生综合发展。由于不同学生的成长环境各不相同，所以了解事物角度以及为人处世的方法会具有较大差异性。但就目前情况来看，在初中英语教学过程中，大部分教师仍然受传统教学理念影响，更加注重学生的成绩，这样对于学生全方位的培养非常不利。教师应该及时发现教学工作中存在的问题，利用多媒体技术对教学方法进行创新，根据班级中存在的差异问题，突破传统教学理念影响，及时改变传统教育模式，将现代化教学模式有效应用在英语教学中，以此解决初中班级学生英语学习能力存在差异性的问题。

二、初中英语课堂教学的要求及改革创新概述

初中英语课堂教学要求。初中英语需要对语言技能、语言知识、情感态度等方面进行

培养，且需要在实际教学中满足不同学生发展需要，不断优化教学模式，做到因材施教，使学生具有英语综合素养，促进学生多元能力的发展。多媒体技术的应用能够整合教学资源，真正做到以学生为中心，满足不同学生的发展需要，这样的改变符合新一轮课程目标对教学的要求。

初中英语课堂改革与创新。多媒体技术可以突破传统初中英语课堂教学的局限性，为课堂教学提供教材以外的学习资源，丰富学生获取英语知识的途径。信息化背景下对教学模式改革创新不仅可以满足学生日常英语学习需求，还可以合理利用现代化技术增强学生的口语能力。在当前时代背景下，初中英语改革与创新的教学模式，打破传统英语教学中的弊端，满足学生的个性化需求，使学生英语水平有效提高，顺应当今时代英语教学改革的趋势。

三、多媒体技术在初中英语教学中的运用策略

设立游戏教学。初中生心智尚未成熟，爱玩爱闹，教师可结合学生的这一特点，将游戏引入课堂，以此激发学生的学习兴趣。在讲授八年级下册《Why don’t you talk to your parents?》这一单元时，为提高学生解决问题的能力，可以设置一些常见的问题，且每一个问题都应具有不同的分值，然后让学生以小组为单位，通过多媒体进行“抢得快活动”，谁抢得快，谁就有优先选择权，且只有在选择题目后在规定的时间内答对问题，才可加分。最后累计得分最多者，将得到奖励。再如，在讲授 Couldyou please clean your room? 时，可以通过多媒体设备时问学生同意谁的观点，为什么？开展辩论“孩子应不应该做家务？”这一问题，这样既使学生活用了所学的知识，又活跃了课堂氛围。

激发学生的学习兴趣。教师要摆脱根深蒂固的应试观念，转变“填鸭式”的课堂，通过多媒体激发其学习兴趣。如在课前导入环节中，教师可以利用多媒体设备播放视频，以启动学生原有的知识储备，点燃他们学习新知的欲望。

如问题可以从 what，who，when，where，why，how 入手，通过设置种种悬念，使学生不断思考，从而推动教学内容逐渐深入。课后总结与升华环节主要是引导学生对所学知识进行内化和输出。在这一环节中，可以采用小组合作形式，设置 report，interview，debate，retell，make up the ending 等任务，鼓励学生参与其中。在小组合作中，学优生可以充分发挥自己的优势，引领其他成员参与任务；中等生可以在学优生的启发下，不断拓宽自己探究问题的思路；学困生则可以在其他小组成员的帮助下顺利完成任务，获得成就感。

开展高效英语阅读。初中英语在阅读教学中，需要以学生为基础选择合适的文章，并在学生阅读英语文章后给予评价、鼓励，使学生在英语阅读中可以及时发现自身不足之处，不断提高学生英语知识学习能力，促使学生深度理解所学英语知识。

例如，在人教版七年级下册 Unit3《How do you get to school?》一课教学中，初中英

语教师可通过多媒体提前布置教学问题，以实际问题作为教学问题的基础，并在安排学生进行文章阅读。在阅读完成引导学生与教师之间以及同学之间进行阅读经验交流、讨论，在互动中了解自身不足之处随后再次进行习题训练，如：Let’s Read 部分，可以要求学生用英语自编乘坐交通工具到达学校的小故事，让学生自主完成学习任务，在此基础上可以引导学生进行小组合作互动学习，不断提高学生的核心素养。

结语：当前初中英语需要通过多媒体技术对教学方法、教学模式进行创新，要求教师在教学时充分发挥现代化教育的优势，以英语核心素养为基础进行教学讲解，从而有效调动学生自主学习能力，全面提高初中英语的教学质量。

第三节　初中英语阅读教学过程中分层教学

作为英语学习的关键环节，阅读既是教师课堂教学的重点，也是学生学习的难点所在。所以借助于教学改革的进程，初中教师也有必要针对阅读教学的创新和完善展开探究。在了解当前初中英语阅读教学中存在的主要问题的基础上，通过对微课资源、小组合作以及网络多媒体技术等的充分利用来实现分层式的课堂教学，从而使学生在阅读课堂上发挥自己学习的主动性，提高学习效率，取得更好的教学成果。

阅读是英语教学的最基本的环节之一，也是检验学生英语能力的重要标准。因此提高阅读教学的质量和效率就成为当前初中英语教学课堂上的主要目标。而教学改革的不断发展也为初中英语教师提出新的要求，创造新的条件。

虽然随着社会的不断发展和国际交流的日益增多，教育教学领域不论是从技术层面还是观念层面都在迅速地发生着变化。不可否认的是，并不是所有的教师都能够适应这种新的教学环境。这种教学要求、环境与教师、学生之间的不匹配正是导致当前初中英语阅读教学中存在问题的最主要原因，也对课堂教学的质量有着很大的影响。从目前的阅读教学状况来看，首先，首要的问题在于教师群体对于新教学环境和理念的不接受、不了解和不熟悉。受到长期以来的社会观念以及考试制度的影响，大部分教师仍然保持着对于传统被动教学模式的认可。由于缺乏对社会环境以及学生观念和想法的了解，所以即便是在素质教育深入推广的今天，仍然有教师没有清晰地感受和认识到教学环境的变化。再加上对于英语学科特点缺乏深入的分析，导致英语教师在开展阅读教学时仍借鉴中文学科的教学方法，而忽略了不同文化环境下所造成的学科特点。种种因素之下造成了教师对新教学理念和方法的不认可和不熟悉，导致课堂效率低，“哑巴英语”等问题的出现。

其次，教师在阅读教学中重结果而轻方法的教学模式也使得学生的英语阅读能力无法得到切实提高。大部分教师在进行阅读篇章的讲解时往往只针对课后题目，以解答题目为主要目的，而忽视了对学生英语阅读能力的培养，导致学生在英语阅读方面出现“高分低能”的现象。

最后，教师在课堂上所采用的一刀切教学模式也使得一部分学生在课堂上无法得到真正的提高，影响整体的教学效果。所以基于这些问题的存在，对阅读教学课堂开展教学改革十分重要。

一、利用微课资源开展基础知识分层教学

实际上，与语文的课堂教学类似，英语作为一门语言性的学科，其所包含的各方面知识和能力都是相辅相成、相互联系的。虽然教学课堂被普遍划分为听说读写四个基础性的部分和环节，但各个教学环节之间也是相互联系的，并不能做到完全的相互独立。正因如此，在初中的阅读教学课堂上，除了要针对学生的阅读能力做专门的强化训练之外，类似于单词、语法等基础性的知识讲解也不可或缺。然而，课堂教学的时间是有限的，而且从基础知识积累这一方面来说每个学生又有着很大的差别。如果采用集体讲解的模式来进行，那么必然会出现浪费一部分学生的课堂学习时间的问题，也无法充分考虑和照顾到所有的学生。所以分层的理念对于基础知识教学来说十分必要。

具体来说，分层式的基础知识教学主要是借助于翻转课堂的概念，将其与阅读的课堂训练区分开来，甚至由学生在课下来完成。因为基础知识的教学离不开教材内容和阅读材料，所以教师需要在充分了解本节课的教材知识内容以及阅读材料中所涉及的语言知识点之后，将其按照知识点整理成一个导图或者是框架，然后按照这一框架进行内容的填充。针对每一个知识点的内容都可以设计几个不同的层次要求，并且配合相应的微课教学视频以及其他的数字化教学资源，最后将其整理为完整的网络教学课件。学生则可以利用课下的时间完成这一部分的自主学习，根据自己的需求和不足来选择不同的知识点以及不同难度的要求，通过听微课视频讲解配合教师所选择的练习题目和任务要求来实现基础知识的学习和掌握。针对教材中单元教学的阅读文章，这种基础知识教学则需要综合考虑本单元的整体教学要求和知识重点以及阅读文章中出现的生僻单词、短语和重点词句、语法等等来设计基础知识讲解的框架。在整理完阅读教学的框架之后教师就可以按照知识的内容难度划分为不同的层次并且完成各层次教学课件的制作，并在不同层次的课件中给出不同的任务要求由学生自由选择完成。对于那些基础知识积累丰富的学生可以选择了解内容加课外习题练习的模式，而基础知识掌握较差的学生则可以选择知识讲解加基础练习的模式。通过这样的分层自主学习，学生不仅能够自己掌控学习的内容和进度，将学习时间充分利用起来，使每一个学生都能够得到切实的提升。同时能够节省课堂上的教学时间用来开展阅读专项训练，使学生的阅读能力得到强化和提升。

二、借助小组合作模式实现课堂分层教学

在英语的阅读教学中，除了对基础知识讲解部分的适当关注之外，更重要的还是课堂上的阅读教学与练习。而小组合作探究的教学模式正是在阅读课堂上实现分层教学的有效途径。这主要是从两方面进行考虑，一方面是英语学科本身的特点。英语作为语言性的学科与其本身的社会和人文环境是无法分离开的。而英语语言国家的文化环境决定了英语是一门自由度较大，且更为重视语境的学科。所以在英语教学过程中，为学生创设合适的学习环境和课堂氛围相对于教师的单方面讲解来说更重要，也更有效。小组合作的方式不仅是在为学生创设自主的学习环境，培养学生的自主学习能力，更是在通过小组合作的过程来为学生创设英语交流的语言环境，从而帮助学生适应英语的表达，提高其表达的能力；另一方面，从阅读这一角度来看，阅读教学不仅仅要教会学生解答题目，了解文章含义，更重要的是要教学生阅读的方法和技巧，让学生强化自身的英语阅读能力。借助于小组合作来开展分层教学就是在充分考虑学生自身特点的情况下进行阅读的特色化教学，从而使每一个学生都能在英语阅读能力上有所提高。

就其具体的课堂教学过程而言，可以借助于《How can we become good learners》这一单元的阅读文章进行具体的解释。要进行小组合作的教学，教师首先要对班级内的学生进行分组。基于分层教学的理念和目标，教师需要将学生按照英语阅读能力的强化划分为几个不同的层次，然后将每一层次的学生分为一个或者几个不同的小组。在完成分组之后，教师就需要让学生对阅读文章进行初步的学习和简单了解。结合之前的基础知识教学环节，可以统一设置了解文意，掌握重点词句含义的目标和任务，让学生以合作讨论的形式来完成。在完成这一环节的学习任务之后，教师就可以根据不同层次，不同小组的学生来设置不同难度的学习任务。如对于阅读能力不足的小组，教师可以将阅读任务设置为掌握文章的段落结构，完成文章的框架结构并找出其中的关键性词句。对于语法部分则主要为找出重点的句子并且按照语法知识进行分析，掌握这一语法点的重点和关键。而对于能力较强的小组，教师不仅需要求学生完成这一部分的工作，还可以要求学生回答相应的问答题目，并且给出类似的课外阅读材料让学生完成结构分析和题目练习。通过小组合作的方式学生可以逐步实现自主学习能力的提高，形成主动学习的习惯和态度，同时还可以实现分层教学，让不同基础的学生都能够通过课堂教学有所收获，真正照顾到所有学生的情况。

三、利用信息技术进行独立式课后总结

对于英语的阅读课堂来说，课后的总结环节与课堂上的学习过程同样重要，所以课后总结也是分层教学课堂模式下不可忽略的一个关键部分。对于传统的英语阅读课堂来说，课后总结与评价往往是以集体的方式来进行的。在这一过程中教师起到引导者的作用，根

据课堂教学的重点内容以及整体框架来给出方向，学生整体进行知识内容的回忆。这种模式下的课堂总结虽然能够起到条理化知识内容，加深学生理解的作用，但也确实存在效率不高，对学生缺乏针对性的问题，所以在课后总结的环节中也可以充分利用分层特色教学的概念，开展独立式的总结活动。具体来说，就是要求学生按照教师在课件中给出的逻辑框架或者是自己制作完成的知识框架对整个课堂学习的过程进行总结和回顾。因为在小组合作的自主探究学习模式下，不同小组学生的学习内容和流程、重点都是不一样的，所以学生采取独立的方式，以个人为单位来完成总结更适合于分层式的课堂，也更能够发挥总结环节的作用。至于其形式，教师则主要可以在成果展示的部分下功夫。教师可以组织学生采取固定的、趣味性较高的形式来进行展示，也可以让学生发挥自己的创造性和主动性，自己创新课堂展示的形式，所以在展示的过程中教师可以要求学生自主完成课件制作，以小型报告的方式来展示自己的总结成果。学生也可以通过接龙的方式来完成展示，其具体的要求主要是由几位学生分别负责不同内容的展示，共同整合成课堂的知识框架。在这一过程中学生和教师都需要充分利用信息技术，尤其是网络和多媒体技术，以动态课件，视频图片资源，微课资源等等来使自己的总结过程尽可能地便利和简洁，从而以高效率的方式完成对课堂学习的总结，实现知识的深度理解和掌握。

随着新课程改革的不断执行，英语教学在初中教育中越来越受重视，也对英语阅读的课堂教学提出了新的要求和挑战。分层教学就是在这一环境下新兴并且得以广泛应用的一种理念和模式。通过针对学生特点进行的特色化教学使得学生的阅读能力在课堂上得到切实的锻炼，阅读课堂的教学质量和效率也能够得到真正的提升。

第四节　多媒体 CAI 课件与初中英语阅读教学

本节结合具体教学实践，围绕英语阅读教学，详细阐述了多年在偏远的农村地区从事初中英语教学的教师在阅读课教学中容易产生的误区及利用多媒体 CA I 课件尽量减少这些误区的几点好的做法。

阅读在各类英语考试中所占的比重较大，但农村地区的学生由于受学习环境的制约，加之自身有限的词汇量及阅读技巧的缺乏，阅读能力普遍较差。对此，教师若能把传统教学方法与多媒体 CAI 课件有机结合起来，大胆地改进阅读课的教学方式，就能够很好地调动学生的阅读课兴趣，从而获得好的教学效果。

一、英语阅读教学中存在的误区

（一）忽视兴趣的培养

教师普遍认为英语阅读教学就是让学生学习生词、短语、固定搭配等，重知识的落实而轻兴趣培养，从而导致学生失去了对阅读的兴趣。

（二）忽视阅读技能的培养

在阅读教学中，部分教师喜欢肢解课文，抓住语法不放，把泛读与精读、课内与课外阅读混淆。如此教学时间都得不到保证，更别提扩大学生阅读量，提高其阅读能力。

（三）忽视创新能力的培养

教学过程中，教师往往就文论文，将学生的思维局限于课本，达不到拓宽学生知识面，培养其创新能力的目的。

二、多媒体 CAI 课件与初中英语阅读教学的有机结合

要解决以上问题，笔者认为最好的办法就是在进行英语阅读教学时，合理地使用多媒体 CAI 课件，以激发学生兴趣，提高英语阅读教学质量。下面笔者结合近几年的课堂教学实践，谈几点好的做法。

（一）借助多媒体 CAI 课件创设情境，提升学生的阅读兴趣

俗话说，“兴趣是最好的教师。”学生有了学习兴趣，才能产生强大的学习动力，主动进入课堂学习中去。英语阅读教学中，教师也应从提升学生的学习兴趣入手，使学生从知识的被动接受者变为主动探索者。多媒体 CAI 课件刚好能够发挥这种作用。它既方便了教师的教学，又提高了学生的阅读兴趣。教师可以利用计算机展现真实生动的教学情境，将学生引入到阅读篇目中来，激起学生的学习兴趣，使他们产生主动获取知识的心理需求。如在教学人教新目标九年级 Uni t14 的 Reading 时，由于该篇目是以海外华人学生的“寻根夏令营”为话题，对于农村学生来说这一话题很陌生，他们不宜理解。所以教师在课件中就充分利用了一些有关“寻根夏令营”活动的文字、图片及视频等多媒体材料导入，结果在该环节学生就提出了很多感兴趣的问题，表现出了极大的阅读兴趣。

（二）利用多媒体广泛性、大容量的特点，加大学生的阅读量

为了达到训练阅读技巧、提高阅读技能、拓宽学生知识面的教学目的，教师通过网络，从各类有关英文方面的媒体资料中下载并精选类似话题的阅读资料，从而达到开拓学生视

野、增长其见识、陶冶其性情、净化其心灵的目的。如当学到有关“Table manners”话题的文章时，教师可先利用多媒体课件将西方餐桌礼仪的相关知识点以文字、图片、对话的形式展示出来，使学生对西方餐桌礼仪、餐桌文化有较为直观的理解；之后，鼓励学生以小组为单位寻找并阅读一篇关于来自不同文化背景的人初次见面时怎样彼此问候为主题的文章，并在课堂上通过多媒体予以交流展示，通过这样的方式既让学生掌握了学习内容、了解了跨文化交际的差异，又实现了扩大阅读教学的目的。此外，教师还可以充分利用身边的教育网络，如校园网、局域网并鼓励学生登录国家教育云空间的班级空间，建立班级Q Q群，参与互动学习，把相关的内容整理归纳。通过这些渠道，可以实现有效资源的相互分享和最大化利用，充分发挥多媒体广泛性和大容量的特点，从而让学生的阅读技巧在丰富多彩的语境中得以巩固、提高、丰富，进而提高阅读的能力与效率。

（三）创设多媒体新环境，提升学生的阅读能力

无论是在平时的阅读教学还是各级各类的英语考试中，学生都会接触到不同文体的阅读材料。但很多学生常常是读完了一篇文章，却对其大意似是而非。究其原因，关键在于他们缺乏针对不同文体的阅读技巧，千篇一律，用一种方法解不同的题。因此，教师要因材施教，教给学生应对不同文体的解题技巧。如在阅读以“寻根夏令营”活动为主题的文章时，将记叙文的六要素，即时间、地点、人物、起因、过程和结果以表格的形式呈现在课件上，引导学生按照这些线索去学习，结果学生很快理清了文章的脉络和框架，找到了相关的事件并准确地完成了信息表。总而言之，教师要在多媒体的辅助下，为学生学习创设多媒体新环境，充分发挥课堂教学的组织者和引导者的角色，将阅读技巧通过多媒体更直观地传授给学生，从而提升学生的阅读能力。

三、在阅读课件中渗透德育

英语阅读教学不仅要进行阅读技能的训练，更要渗透德育的任务。教师如果能充分发挥多媒体综合性、大容量的特点，在课件制作的流程中，如话题导入、背景介绍、情境创设、小组讨论等各个环节渗透德育内容，就能很好地帮助学生理解语篇，升华思想，树立正确的人生观和价值观。如在教学人教新目标九年级 Uni t15 的 Reading 时，文章是以“海牛濒临灭绝”为话题，在背景介绍环节，教师在课件中穿插一些有关海牛和其生存环境的图片，并给出一组证明其濒临灭绝的数据，然后让学生就以下问题展开讨论：

1. 为什么海牛濒临灭绝？

2. 海牛濒临灭绝与人类是否有关，为什么？

3. 人类的存亡与动物的存亡是否有关系?

通过讨论，学生深刻地认识到了海牛濒临灭绝与人类破坏海牛的生存环境有很大关系，人类的违法行为，如乱砍滥伐等已严重影响到了濒危动物的存亡，进而使学生进一

步认识到了保护动物就是保护人类自己，唤起了学生保护动物、维护生态平衡、保护家园的意识。

总之，多媒体技术在英语教学中的应用，给原本枯燥、无味的英语阅读课带来了活力，其重要性不言而喻。作为农村教师，应多渠道地获取知识，努力提高自己使用多媒体的水平，使多媒体 CAI 课件和课程整合达到最优化。

第五节　初中英语阅读教学与写作教学的结合

在初中英语教学中，英语阅读和写作教学是两个最为重要的组成部分，阅读和写作两者之间相辅相成、相互促进。因此，教师在开展初中英语教学的时候，必须要明确英语阅读与写作两部分之间的关系，将阅读教学与写作教学融合到一起，借助阅读教学促进写作教学、写作教学辅助阅读教学，最终全面提升学生的英语水平。本节以初中英语教学为研究切入点，对英语阅读教学与写作教学的有效融合进行了详细的研究和分析。

在初中英语课堂教学中，阅读与写作是两架齐头并进的马车。英语阅读是英语语言知识的输入，英语写作则是英语语言知识的输出，两者之间相互联系、相互影响，共同提升了初中学生的英语水平。基于此，教师在开展初中英语教学的时候，必须要改变传统英语阅读与写作教学相分离的模式，将两者有机结合到一起，将阅读教学与写作教学有机融合到一起，最终达到提升学生英语综合素养的目的。

一、初中英语阅读教学与写作教学现状分析

面对初中英语新课程改革下的要求，教师在开展初中英语教学的时候，必须要立足于阅读与写作两者之间的关系，将阅读与写作教学进行有机整合，借助阅读和写作的相互促进关系，不断提升初中学生的英语综合水平。但是在当前初中英语教学中，受到传统教学理念和模式的制约，部分初中英语阅读与写作教学整合的现状不甚理想，依然存在一些问题。

（一）教学理念滞后，阅读与写作独立教学

虽然初中英语新课程改革已经实施了一段时间，并且对初中英语教师提出了更高的要求。但是部分教师在具体开展初中英语教学的时候，受到传统教学观念的影响，在开展初中英语教学的时候，没有认识到阅读教学与写作教学有机结合的重要性，在具体的课堂教学中，将阅读与写作两个部分的内容割裂开来，分别设置了阅读课程、写作课程等，各自独立进行教学。另外，在具体的英语测试中，也是对阅读和写作进行专门训练，并未将两

个部分的内容进行有效的贯通。这不仅降低了学生的英语学习质量，也影响了学生英语学习成绩，难以满足核心素养下的初中英语教学需求。

（二）阅读与写作教学任务安排相互脱离

在初中英语教学中，为了将两者有机结合到一起，真正实现读写结合，教师必须要具备较高的语言水平、课程把控能力等，才能在具体的教学中，将初中英语的阅读教学与写作教学结合到一起。但是在具体的初中英语教学中，受到部分教师整体把控能力低下等因素的制约，在开展教学的时候，出现了相互分离的现象。一方面，从阅读和写作教学的任务安排来说，两者之间的主题相互脱离，使得阅读和写作的内容之间缺乏任何的关联性。在这种情况下，学生在英语阅读过程中，虽然积累了一定的阅读素材，却无法应用到写作教学中，不仅导致学生英语写作能力低下，也背离了读写结合教学模式的最初目的；另一方面，在当前初中英语阅读与写作教学模式下，教师安排的阅读量过大，使得学生在有限的时间内，难以理解大量的阅读素材，无法实现高质量阅读。在这种情况下，学生阅读质量低下，也给日后的写作造成了严重的阻碍，致使学生英语写作质量低下。

（三）英语阅读与写作教学时间分配不合理

在初中英语教学中，教师要想将阅读与写作两个部分的内容有机结合到一起，必须要对课堂教学时间进行科学、合理地分配，进而提升初中英语阅读和写作质量。但是在当前初中英语阅读和写作教学中，由于时间分配不够科学、合理，严重制约了阅读与写作教学结合的效率。一方面，在具体的英语阅读教学中，教师给学生安排了大量的阅读时间。但是在教学时间不变的基础上，学生的写作时间无疑就受到了压缩。如此一来，虽然保障了学生的阅读质量，致使学生在阅读的过程中，积累了英语词汇、写作素材，掌握了相关的语法知识，但是却由于写作训练时间比较少，无法对其进行有效运用，制约了学生的英语写作质量；另一方面，还有部分学生在读写结合教学的过程中，给阅读教学安排的时间过少，给写作训练留下了大量的时间。在这种情况下，由于阅读时间短，导致学生没有积累到相关的知识，就投入到写作训练中，也难以达到预期的教学目标。

二、初中英语阅读教学与写作教学的结合策略分析

（一）理清阅读与写作之间的关系，走出教学误区

在初中英语教学中，阅读与写作两个部分处于一个整体中，两者相互促进、相互制约，直接决定了学生的英语综合水平。因此，面对新课程改革下的初中英语教学要求，教师必须要更新传统的教学理念，理清英语阅读与写作教学之间的关系，努力走出当前初中英语教学中面临的误区。

针对阅读与写作这两个部分之间的关系，一些语言学家认为：阅读、写作如同解码和

编码，两者依托于书面材料进行思维加工，使得学生在学习中受到启发、感受。如果学生擅长阅读，教师在教学中就可以借助写作活动，提升学生的接受技能；如果学生比较擅长写作，教师就应提升学生对语言的驾驭能力。如果教师需要同时提升学生英语阅读和写作能力，就必须要注重学生语言综合运用能力的提升。

因此，在实现阅读与写作教学融合的时候，教师要明确两者之间的辩证关系。在具体的英语教学中，不断增强学生的学习和阅读意识，促使学生在深层次的阅读中，了解英语语言知识结构、明确文章层次、加深语言文化理解等；促使学生在阅读的过程中，在大脑中形成完整的知识体系，为英语写作奠定坚实的基础，并逐渐形成属于自己的写作风格。

（二）合理把握读写时间，实现读写相结合相促进的目标

在初中英语阅读与写作教学中，为了实现两者的有效融合，教师要针对当前初中英语读写结合教学模式中存在的读写时间把握不科学的现状，应对读写时间进行科学、合理安排。具体来说，教师在具体的读写结合教学中，应在每次教学完成之后，应对教学中存在的问题进行分析，不断总结经验和教训，以便于在后期的课堂教学中，能够对阅读和写作时间进行科学的把握，使得学生在一定的时间内，能够充分地阅读、充分地写作，最终促进学生的全面发展，真正实现初中英语读写结合的目标。

（三）提高阅读效率，为写作奠定基础

在初中英语阅读和写作教学中，为了实现两者有机结合，要不断提升学生的阅读质量，为后期学生的写作奠定坚实的基础。

第一，借助略读，理清文本思路。在初中英语阅读与写作教学融合的过程中，首先教师应引导学生对文本展开阅读，并在阅读的过程中，理清文本的思路，这也是学生对文章进行深入剖析的基础和关键。据此，教师在开展阅读和写作教学的时候，应改变传统阅读中片面重视词汇和语法知识学习的现状，应指导学生充分借助略读的形式，引导学生在阅读的过程中，对阅读的文本进行分段，并形成提纲，对整个文本的思路进行有效的把握。在此基础上，学生在阅读的过程中，可逐渐建构其英语写作的思维逻辑，并逐渐将其应用到写作中，最终提升学生的英语写作能力。

第二，利用寻读法，分析文本体裁。在初中英语读写结合的教学模式下，教师应充分利用寻读教学模式，引导学生在短时间内，将阅读材料中的文本信息筛选出来，并对其进行整合。在这一过程中，学生在寻读的过程中，可了解不同文体的结构特征、写作特点等，并在阅读的过程中，积累一些优秀的写作风格和语句，对其进行借鉴，最终应用到以后的写作中。

第三，利用精读，捕捉文章细节。在初中英语读写结合教学模式下，教师在借助略读和寻读之后，还要积极鼓励学生开展精读，使得学生在精读的过程中，将文本中的优美单

词、短语等进行摘抄和记录。教师还应集合其中的重点词汇、短语等，引导学生开展造句、选择填空等训练方式进行训练，促使学生在训练的过程中，有效掌握英语基础知识。同时，教师在引导学生精读之后，还要引导学生结合重点词汇等，开展英语写作训练，不断提升初中英语写作质量。

（四）开展写作训练，以写促读

在初中英语读写结合教学模式下，教师不仅要做到以读促写，还要对学生展开写作训练，促使学生在写作训练的过程中，巩固阅读成果。并借助写作教学反哺阅读学习，最终实现学生的全面发展。

第一，教师在读写结合教学的模式下，应指导学生积极开展口述训练，引导学生对阅读文本中的句式、句型等进行反复朗读，促使学生在反复朗的过程中，加深对文章内容的理解。同时，在这一过程中，也对学生的口语表达能力进行了锻炼，为后续的英语写作奠定坚实的基础。

第二，积极开展改写、仿写等模式，实现读写结合。在具体的教学中，针对学生完成阅读之后，教师应指导学生结合阅读文本中的人物、情节等，对其进行改革，促使学生在改写训练的过程中，深化阅读知识，并提升自身的写作能力。同时，在阅读完成之后，教师还可以带领学生对阅读材料的结构、内容、体裁、表现形式等进行分析，并引导学生结合阅读材料展开放学训练。如此一来，不仅锻炼了学生的知识迁移能力，也促使学生在仿写的过程中，提升了自身的写作能力。

第三，积极开展阅读后拓展写作。面对新课标下的英语教学要求，教师在开展读写结合教学的时候，为了拓展学生的视野、提升学生的写作能力，在完成文本阅读之后，可引导学生结合阅读材料，在课下积极查阅相关的资料，确立写作主题，进而引导学生紧紧围绕这一主题开展写作训练。

综上所述，在初中英语教学中，写作教学和阅读教学是两个重要的组成部分，两者之间相辅相成、相互促进，处于统一体中。因此，面对新课程改革下的教学要求，教师要明确初中英语阅读和写作教学的关系，合理把握读写时间，充分借助以读促写、以写促学的教学模式，将阅读教学与写作教学进行有效融合，不断提升初中英语教学质量。

第六节　多媒体网络与初中英语任务型阅读教学

当前社会的全球化发展对英语教学的效果提出了更高的要求。然而，传统的外语授课模式，尤其是初中英语阅读教学中，还是注重大量的词法、句法的教授，忽略了学生的实际综合运用能力的培养，无法满足社会的需求。英语教学方法尤其是阅读教学模式应发生相应变化，多媒体网络环境下的初中英语任务型教学在信息时代的高速发展和现代教育技术的日趋完善中，越来越多地为广大教育学者和教师所使用。

《英语课程标准》中明确提出：英语课程的最终目标是培养学生的综合语言运用能力。而任务型阅读教学所追求的正是语言习得的理想状态，即大量的语言输入和输出，语言的真实使用，任务型阅读也可以最大限度地发挥学生的内在动机。采用各式各样的任务，可以使学生有机会和运用他们所学的语言，而在交流中学生把注意力集中在语言所表达的意义上，以运用语言和完成任务为最终目标，从而降低了他们的心理压力。

一、任务型阅读教学模式

阅读前任务。老师的主要作用在于布置任务，激发学生的阅读兴趣，明白阅读的要求和目的以及要达到的结果。老师可以通过背景知识的介绍、通过讨论、头脑风暴、题目预测等方法来激发学生的兴趣，让学生带着强烈的好奇心去阅读文章，同时，对语言准备工作打下基础。

阅读中任务。老师将阅读任务分配给各个小组，让小组成员在互相讨论的过程中获得阅读能力。

阅读后任务。这个阶段非常重要，此时学生得将其阅读理解的结果即任务完成的情况用自己的语言表达出来。引导学生发表个人看法，教师帮助学生在口头表达或者文字表达方面遇到的困难。这些任务的结果可采用书写或口头汇报文章摘要的形式，也可采用就阅读内容相互提问的形式。学生向全班汇报其完成任务的情况，教师应对汇报进行反馈和评价。

二、任务型阅读教学课例 – 以七年级下册的一节课为例

教学材料分析。本模块以出行旅游为话题，通过大量的语言材料集中展示了问路、指路、对某一区域进行描述的语言表达方式，同时，对北京和伦敦的一些著名景点与标志性建筑物也做了简单介绍。本模块的第二单元是一篇阅读材料，是在第一单元听说的基础上继续通过看地图来呈现指路及表明具体位置的语言表达方式，并介绍了伦敦的一些名胜古迹。学生学完本课后，能在听懂说出问路与指路的语句基础上能读懂对地图的描述及对某一具体地点的描述，进而能根据地图将其线路、描述某个地点的位置。

教学设计思路。在初中英语教学中，阅读课一般分为 pre-reading、while-reading、post-reading 三个环节，本课依照这种有效的教学模式，再与多媒体网络技术优化整合，大大地提高了课堂效率。

（1）pre-reading。先以导游的身份创设情境：带学生外出旅游。播放一部介绍 London 的短片，片中包含课文中出现的一些重要地名，如 Big Ben，River Thames 等，激

发了学生的学习兴趣，也使事物变得更为直观，从而降低学习难度，同时调动学生学习的积极性和趣味性。俗话说："兴趣是最好的老师。"，以此为下一步目标词汇的大量出现埋下了伏笔。接着通过 PPT 动画展示大量图片，并以小组竞赛形式检测学生对于重要地名的掌握情况，对于个别不容易理解的地名，链接相应的简介，为下一步的阅读进一步扫清了障碍。

（2）while-reading。①泛读。这一步，引领学生快速浏览全文，了解文章的大意和中心思想，让学生"见之森林"，知其概貌。同时提出两个问题（如下），让学生带着问题去阅读，有目的，有针对性的阅读。"A.Where does the tour start？ B.How many places are there in the tour？ Underline them."②精读。在泛读后，学生已经知晓文章的大意，接下来就要引导学生分段细读读课文，抓住主要事实，关键语言点，明了文章结构，深度理解。首先，由于本课路线长且各地间所处方位教复杂，因此借助多媒体引导学生在阅读的基础上完成旅游路线结构图，让整个旅游线路更直观，大大地降低阅读的难度。然后，根据文章内容，一段一段运用不同的教学手段，如 True or，Answer the question，Fill in the blanks 等，并引导学生在任务型阅读的过程中进一步理解文章内容。而通过上两步的教学活动，帮助学生理清了文章的脉络，并顺利地引导学生完整而顺畅得感知了全文。

（3）post-reading。本环节是围绕阅读材料的知识深化和巩固的活动，是让学生通过口头和笔头两方面进行知识的内化和输出的过程，是"练"的过程。首先引导学生两两合作，根据地图复述行程，并借助多媒体让学生自己完成本次旅行，并通过事先设置好的反馈程序来评价学生的旅行路线是否正确，因此既达到了练的效果，又提高了趣味性。接着，借助多媒体网络和地图，引导学生每四人一组讨论设计一个某地一日游，然后评出最佳旅游线路。利用互联网把知识从有限的教材放回至无限的生活中，既锻炼了学生的语言综合运用能力也开阔了学生的视野，扩大了知识面。最后要求学生用书面表达的形式完成最终目标。

三、教学后分析

就本课来说，虽然是一节阅读课，但由于多媒体技术和网络环境的运用，如：视频的播放，图片的浏览，路线结构图的设计，地图的搜索以及最佳旅游线路的设计等，在读的同时，给了学生一个广阔的视觉空间，刺激了学生的视觉神经，令学生专注。对原课文中所提供的可能会枯燥无味的异国他乡游记，学生都能够更生动地理解，进而通过网络提供的宽广空间，来练习刚刚领悟的问路、指路等目标语言。

多媒体网络技术应用后的英语阅读教学与传统阅读教学相比，它既激活了课堂，也激活了教材，更激活了师生，给学生创造了一个轻松、愉快的学习氛围，创设了一个充满情趣的语言环境。让学生在轻松的氛围中视、听、说并举，真正感受英语阅读的魅力，让学生阅在课堂，更悦在课堂。

第八章　初中英语学科核心素养与阅读教学研究

第一节　初中英语学科核心素养内涵

对英语学科核心素养的内涵和重要性以及如何在实际教学中进行培养做了深入探讨，为初中英语教师基于核心素养理念的教学提供有效参考，帮助初中学生不断提升自己的英语素养和各方面综合能力。

作为目前世界上使用范围最广泛的语言，英语学习是实现国际化的重要途径和方式。英语课堂既要聚焦学生语言能力的培养和提升，也要把培养学生的核心素养作为终极目标。因此，初中英语核心素养的内涵是什么？培养这些核心素养的重要意义是什么？如何在教学实际中进行培养？这些都是初中英语教育工作者应该思考的问题。

一、英语学科核心素养的内涵及重要性

英语学科核心素养是学生发展核心素养在英语学科的具体化，是英语学科育人价值的集中体现。初中英语学科核心素养的主要内容包含英语基础知识、情感态度、观念、语言实际运用能力等。英语学科的核心素养理念有方向性、理念性、价值性和落实性；其结构是召唤性的，主要包括语言能力、文化品格、思维品质和学习能力。随着时代的发展和变迁，初中英语核心素养的内容也日趋完善。

新课改对初中英语教学提出了更高、更严的要求。只有以核心素养理念为主旨和出发点的教和学才能满足新课程教育观、教学观、教师观和学生观的要求，令学生在轻松、愉快的氛围中学习英语知识，激发他们学习英语的兴趣和热情。

二、语言能力的培养策略

语言能力是指掌握和运用语言的能力，包括语言知识、语言学习和语言技能，尤其包含语言应用知识。初中英语传统的填鸭式教学方式很大程度地限制和阻碍了学生语言能力的培养，十分不利于学生英语语言能力的提升。因此，在培养英语学科核心素养理

念下，初中英语教师可以结合教材具体内容和学生学习的实际情况对课堂教学进行合理的设计和组织，将传统的教师讲、学生听的课堂模式转换成学生讲、教师听的创新模式。同时，初中英语教师在进行教学设计时也可以通过贴近现实生活锻炼学生的语言表达以达到培养学生语言能力的课堂教学效果。这种形式的课堂教学能够充分提高学生英语学习的兴趣，同时，通过生生、师生之间的互动表达不断培养学生的语言能力，进而奠定学生良好的英语素养。

三、文化品格的培养策略

文化品格指向人的内心、做人态度、做事方式和社会责任感等，也涵盖了品格教育。学习文化知识是文化品格塑造和形成的前提和基础，也是人文精神积累、沉淀的途径，同时，可以使我们在遗忘之前学过的知识后完成品格的形成。

文化品格成为核心素养要素之一既体现了英语课程立德树人的价值取向，也标志着英语课程不再被仅仅视为一门语言工具学科。在英语学习中，初中英语教师不仅要向学生介绍英语国家、英语民族文化，还要指导学生学习英语国家的一些基本行为规范并着力培养学生的跨文化意识。教师更要引导学生通过跨文化交往发展本国、本民族和自身的优良品格，丰富自身的文化素养。从拥有文化知识到形成文化品格既是一个积累信息、理解内涵、内化观念和知行合一的过程，也是一个在感悟和实践中不断融合和提升知识及品格的过程。

为了使学生从拥有知识到形成品格，初中英语教师可以尝试从两方面入手。第一，完善、优化课程和学习资源的文化知识结构。学生文化品格的形成是不间断输入符合课程标准要求的文化知识的结果。文化知识的学习可以引起学生的共鸣，于无声中启迪学生的心灵、引发他们思想的震撼；第二，组织、开展富含高质量文化体验的教学活动。初中英语教师应全力为学生搭建舞台并精心组织、开展基于文化知识的文化体验活动。文化品格是教化的结晶，也是自身努力和外部环境共同作用的结果，是通过协调、整合各方面力量后形成的。

四、思维品质的培养策略

思维品质也称智慧品质，指思维能力的特点及其表现。人们在思维活动过程中表现出不同方面的特点和差异，构成其思维品质，实质是人的思维的个性特征。思维品质反映了个体间智力或思维水平的差异，主要包括深刻性、灵活性、独创性、批判性、敏捷性和系统性六个方面。

首先，初中英语教师要努力激发学生英语学习兴趣，推动学生自主提升思维品质。良好的英语思维品质不是与生俱来的，它的形成需要经历一个循序渐进、漫长的培养过程。养成良好的思维习惯，可以让初中学生受益终生。教师在英语教学过程中要竭力打造具有思维逻辑性的教学环节。教学活动一定要引导学生从乐于思考到自觉思考，只有这样才能切实提升学生的思维品质。

其次，要打破单一思维定式，引导学生积极思维。英汉两种语言有思维共性，但也有很多思维的差异性。我们思考和解决问题的方式不能仅局限于一种，要有多元思维。英语教师在课堂教学中必须用多种方式对学生进行思维训练以改变他们固有的思维模式，引导他们积极思考，然后根据实际语境灵活运用所学习的语言知识。这才能培养他们的创造性思维和发散思维以达到举一反三的效果。

五、学习能力的培养策略

学习能力是学生成功完成学习目标所必需的个性心理特征，是能够进行学习的各种能力和潜力的总和，包括能够容纳、储存知识、信息的种类和数量、行为活动模式种类以及新旧信息更替能力等，也是学生顺利完成学习活动的各种能力的聚合，包括感知观察能力、记忆能力、阅读能力和解决问题能力等。

学习能力的培养是长期、循序渐进的，要在日常教学实践中逐步渗透。在语言教育环境下，语言学习能力的发展与教学过程相辅相成、互利共存。语言学习能力的培养，有助于教学大纲和课程标准教学目标的实现，也有助于学生英语语言的习得，更有助于学生综合素养的提升。

初中英语教师要适应新的教育、教学形势，努力培养学生探究、自学和自主等各项能力，为深层次的语言学习打下良好的基础。教师要引领学生一起不断去探索和尝试，把“会学”作为着力点，把学会作为目标，真正使学生会学习，同时，培养他们优秀的道德品质、坚忍不拔的意志和优良的心理素质，以满足我国改革开放和现代化建设的需要。

综上所述，初中英语学科核心素养的培养需要教师从多方面整合教学资源，更新教育理念，创新教学方法，指导学生积极参与教育活动，激励和引导学生会学和好学，培养学生的能力和积极个性。

第二节　英语学科核心素养的初中课堂教学

随着新课改的逐渐深入，初中英语学科的核心素养教育引起社会各界的广泛重视。初中英语教学对于学生的长远发展具有重要意义。因此，培养初中学生的英语综合素养具有重要的实际意义。但在现阶段初中英语课堂教学模式比较落后，学生学习热情不高，导致英语教学效率低下。本节主要分析了目前初中英语教学的现状以及问题，对培养学生的英语学科核心素养提出了针对性的措施，旨在培养学生的英语核心素养，为学生的终身发展奠定坚实的基础。

随着社会的不断发展，素质教育目标对初中教学提出新的要求，不仅要求学生掌握基本的英语知识，更要培养学生的应用能力等英语综合素养。因此，在进行实际初中英语课堂教学模式设计时，要注重以学生为教学的中心，激发主观能动性，促进英语综合素质的提高，培养英语学科核心素养。但在实际的初中英语教学过程中，教学观念和教学模式仍然比较落后，不能引起学生的学习兴趣，不利于学习效率的提升。由此可见，加强对初中英语课堂教学模式的研究，提升英语学科核心素养，具有重要的实际意义。

一、初中英语学科核心素养概述

在传统的初中英语教学理念指导下，学生仅仅把英语作为一种语言技能，忽略了对英语综合素养的提升。在核心素养教学理念下，英语学科不仅仅是一门语言技能，更加注重的是英语的育人价值和对综合英语能力的培养。

（一）育人价值

在传统的英语教学中，英语作为一门工具性学科，教学过程具有一定的功利性，仅仅将其当作交流工具使用，很大程度上限制了英语教学的深度和广度。英语作为一门综合性学科，不仅是语言交流工具，更加主要的是能够开发学生的思维能力，提升文化品格，提升英语综合能力。通过英语学习，学生可以了解英语国家的文化背景，培养对国外文化的理解，提升学生的文化广度和深度，从而促进学生思维能力的提升。

（二）英语学科核心素养内涵

随着新课改的逐渐深入，对初中英语学科核心素养的实质内涵进行了重新界定。初中英语学科核心素养主要包括对学生语言能力、文化品格、思维品质、学习能力等综合能力的培养。

语言能力。作为教学核心，语言能力不仅包含对学生听说读写能力的提升，更加注重学生对英语的实际应用能力。学生能够学以致用，提升人际交流水平。主要包括：

（1）英语学习意识。只有让学生充分理解学习英语的重要性，领悟英语的真正价值，才能促进学生提升学习的主观能动性，并主动深入研究英语内在文化，提升英语逻辑思维能力。

（2）语言掌握程度。全面提升学生的英语应用能力，需要学生对英语文化全面认知，构建完善的英语文化知识体系，深入理解英语的表达意义，能够根据不同的场合应用合适的英语语言表达自己的真实情况和想法，提升英语表达能力。

（3）充分掌握英语基本知识，包括英语单词、语法、句式、体裁等实际应用方法，训练英语口语能力，提升书面表达能力。

（4）提升英语表达能力，包括口语和书面综合表达能力。

文化品格。提升学生对英语文化内涵的理解，培养学生的跨文化意识能力。在学习英语的过程中，学生会接触到许多以英语为母语的社会文化。因此，需要学生对文化现象具有正确的判断，形成自己的文化情感态度，树立正确的文化立场和态度，丰富学生的文化体系。

思维品质。语言的学习和运用有助于学生思维能力的拓展。学生通过对英语的深入学习和应用，有助于思维能力的提升。英语思维品质要求学生通过对英语概念的理解，加强英语概念和实际生活的联系，提升学生从多角度和多层次考虑和解决问题的能力。

学习能力。初中的英语学习可以促进学生的长远发展。所以提升学生的英语学习能力，包括学习习惯、学习策略等能力的提升，能够帮助学生更深层次地理解英语的内涵，促进英语表达能力的提高。此外，还要注重培养学生对英语学习的态度。提升学生的学习兴趣和主观能动性，才能促使学生英语学习水平的真正提升。

二、初中英语课堂教学存在的问题分析

（一）学生参与度低

在传统的教学理念指导下，教学活动主要是以教师为主导，向学生灌输知识，忽略了学生的主体地位。逐渐形成“教师台上讲，学生台下听”和“讲解 + 作业 + 考试”的教学模式，模式单一固化。这种教学模式下，教学氛围比较沉闷，而且学生处于被动的位置，缺乏课堂学习的参与性，不能激发学生的学习兴趣。学生不能把理论学习和实际生活联系起来，无法锻炼英语口语表达能力，不利于培养学生的英语核心素养。

（二）过于注重考试成绩

在传统的应试教育模式下，提升考试成绩是英语教学的主要目标，导致教师在对英语教学内容和模式的设计中，比较偏重考试成绩，忽略了对学生英语应用能力等综合素质的培养和提升。教师、家长，甚至是学生对考试成绩过于注重，不仅不能让学生进行深入学习，不利于学生英语交流能力的提升，而且严重阻碍了学生学习的深度和广度。

（三）学生缺乏主观能动性

在实际的学习过程中，由于缺乏科学的指导，部分学生对英语学习的认知存在一定的误差，导致英语学习不系统，不全面；对英语知识的理解仅仅停留在表面，缺乏深度和广度；认为英语学习就是单纯的背诵单词，忽略了英语口语能力和表达能力的提升。这种现象导致学生对英语学习的自我意识不强，缺乏英语学习的兴趣，不能激发学生的学习主观能动性，不能真正地提升英语学习能力。

三、培养英语学科核心素养的优化措施

（一）创设特定的教学情境，锻炼学习能力

学习过程和社会文化背景是密不可分的。教师可以根据教学内容和教学目标，结合学生的实际情况，创设合理的教学情境，让学生在熟悉的情境中利用原有知识和经验推动新知识的学习。由于初中生年龄小，对新鲜事物好奇心比较强。教师可以通过创建特定的情境，激发学习主动性和积极性，引导更加深层次的学习，切实提高英语综合学习能力。

在教学设计时，教师可以合理地融入一些表演、游戏、竞赛等元素，活跃课堂氛围，激发学生的学习兴趣，提升学生课堂参与度，让学生在轻松愉悦的课堂氛围中加深对英语知识的学习和掌握。生动有趣的教学情境，符合初中生活泼好动的性格特点，容易引起学生兴趣，锻炼英语表达能力，提升交际能力，促进英语核心素养的提升。

此外，教师还可以利用多媒体信息设备，为学生播放图片、视频 PPT 等，创建特定的教学情境，增加学生学习的直观性。多媒体信息技术的充分引用，可以根据教学需求，为学生创建特定的教学情境，让学生在观看图片、视频的过程中，产生身临其境的真实感受，能够让学生增加体验感，从而激发心灵上的碰撞，更加深入地理解英文的内涵知识，促进学生英语内在素养的提升。

（二）问题导向，培养思维品质

通过提问题的方式进行教学，能够实现教学方式的灵活性。由简单到复杂的问题方式，可以逐渐引导学生学习的深度，由基本知识的掌握，到理解英语内在文化内涵的层次，有效提升学生的英语核心素养。此外，通过教师引导提出问题，到学生自己提出并解决问题的过程，能激发学生的学习主观能动性，激发其独立思考的积极性，开拓学生的创造性思维，促进学生学习的计划性和目标性。在这个过程中，教师要注重对学生积极引导和鼓励，增强学生的自信心和勇气，激发学习热情，充分发挥想象力，极大地提升学生的思维品质。通过问题导向，激发学生自主探索学习方法和途径，增强自主学习的能力，激发创新性思维，对于学生的长远发展具有重要的意义。

（三）引入文化意识，培养文化品格

语言是文化的重要载体。在人际交往中锻炼语言运用能力，培养学生的文化意识，促进学生树立正确的文化价值观具有重要的意义。在英语教学中，会遇到以英语为母语的文化背景和文化知识。因此，教师要注重对学生跨文化的教育，提升对文化差异的认知，帮助学生树立正确的价值观，培养学生的文化品格。

（四）积极开展实践活动

科学合理地开展学科活动，能够让学生在实践中锻炼口语能力和交际能力，提升学生交际自信心和勇气，培养学生的英语应用能力，进一步提升英语核心素养。在英语教学设计时，教师要以学生为中心，根据学生的心理特点和实际需求进行活动设计，提升学生的参与度。同时，要注重活动的任务性，让学生在任务的驱动下，领悟英语语言的应用魅力。

（五）培养学生的情感态度价值观

“授人以鱼不如授人以渔”，培养学生核心素养重要的一点就是要提升学生的自主学习能力。教师要注重教授学生学习方法和策略，根据自身情况制定合理的学习计划和目标，让学生“学会学习”。在进行教学设计时，要尊重学生的实际，营造民主的氛围，充分发挥主动性，让学生真正掌握学习方法。

此外，要注重对学生情感态度价值观的培养。学生的情感能够进一步促进英语核心素养的提升，能够促进学生充分开发创造性思维，领悟英语文化内涵，提升英语综合能力。

综上所述，随着时代的不断发展，培养初中英语学科的核心素养成为大势所趋。初中英语教师要顺应时代的发展潮流，改变传统的教学模式和教学理念，实现教学方式的多样性和灵活性，遵循“以人为本”的教学理念，以学生为教学主体，活跃课堂氛围，激发学生学习主观能动性，培养学生的语言应用能力，开发学生的创造性思维，陶冶学生的情感，提升学生的英语学科核心素养，这对于学生的终身发展具有重要的促进作用。

第三节　初中英语学科核心素养下的教学设计

伴随着我国教育体制改革的稳步推进以及现代教育理念的深入推广，于学科教育过程中融合学科核心素养培养已经成为广大基础学科教师的共识。其中，对于初中英语教学工作来说，如何在教学生基础英语理论知识的同时培养学生的思维能力、学习意识和文化意识，成为当前阶段初中英语教育工作者所需要深思的重要问题。对此，文章基于以往初中英语课堂教学现状，围绕英语学科核心素养具体内容详细阐述了在核心素养培养理念要求下初中英语课堂教学的设计方法，旨在给予广大初中英语教师一定可行帮助和建议，并最终促进初中英语课堂教学质量的有效改善。

近年来，基于现代学科教育理念的不断发展，以学科素养培养带动知识能力提高，已经成为当代学科教育工作的主流教育模式。但是，对于目前我国初中英语教学工作来说，由于受到传统应试教育机制和灌输式教育模式影响，以学生学习兴趣不高、学习氛围压抑为主的教育问题依旧十分严重，且直接制约着整个初中英语教育事业的创新发展。在此背景下，以学科核心素养为题，以创新初中英语课堂教学模式为目标，对初中英语教学工作进行剖析，既符合当前阶段课堂教学工作的创新需求，又满足学生英语学科素养发展的具体要求，值得我们给予足够重视。

在以往初中英语教育模式中，由于教育思想相对落后，很多教师多以提高学生理论考核成绩为主要教育目标，这就使得在日常教育过程中要及时关注学生知识掌握情况，并不重视培养学生的综合学习能力。同时，由于现行升学制度一味强调分数，使得唯分数论学习观念在学生心中根深蒂固，长此以往不仅会消磨学生的个性，同时也很容易使学生对学习产生厌烦，并不利于学生形成终身学习习惯和端正教育学习态度。

基于唯分数论教育思想，除去上述学生学习能力缺失问题，学生学习兴趣的丧失也是以往初中英语教学过程中普遍存在的一种问题。其中，由于教师一味追求教学结果，再加上教师考核多以教师教学成绩为主要衡量标准，使得以题海战术为主的教学手段在教育过程中十分盛行，一方面，严重影响了学生的学习兴趣；另一方面，使学生沦为了机械化的学习工具，很不利于其形成系统的学习思维。

初中学生正处于正确价值取向尚未形成的重要人生发展阶段。因此，初中学科教育工作不应仅旨在传授学生基本理论知识，而是应更好的帮助学生形成健康的人生观和世界观。但是，从实际初中英语教学过程来看，很多教师一味重视基础知识教学，普遍认为德育工作只局限于思政课堂，这就使得很多学生在繁杂的学习任务和过重的学习压力下极易出现心理问题，进而轻则影响其健康成长，重则使其走入歧途，造成不可挽回的教学事故。

一、基于课堂英语情境，培养学生语言能力

作为语言类学科，语言能力是英语学科核心素养中的重要组成部分。其中，语言能力一般包括学生的英语应用能力和英语表达能力，因此，创设真实的语言情境，往往能对培养学生语言能力起到十分明显的成效。其中，在实际教学过程中，教师可依托于情境创设法模拟实际的英语表达情境，鼓励学生于实际表达中练习口语，于不断积累中提高能力。例如，针对外研版初中英语八年级下册 Module5 Unit 2 中涉及的动画故事，教师可借助现代多媒体教学工具，通过向学生播放《史努比》《丁丁历险记》的动画片来引导学生了解故事，并愿意用英语来表述故事。同时，在整个表达过程中，教师可采用故事情境法和小组合作法两种教学手段的有机结合来让学生就故事情节进行还原，借此一方面可提高学生的课堂参与兴趣，另一方面能使英语知识活学活用，并真正提高学生的口语表达及运用能力。（可换成外研版八下 Module5 Unit2 的例子）

二、基于主题英语课堂，培养学生语言思维

对于大多数学生来说，学习英语最大的困难在于无法把英语真正作为一门语言来看待。

换言之，如何使学生形成习惯性英语表述思维，并帮助学生构建完整的英语知识体系，是英语学科素养培养中的重要内容。对此，基于主题英语课堂，培养学生语言思维能力，是当前初中英语课堂教学工作创新发展的主要路径之一。其中，由于不同英语词汇、句型间往往存有一定联系，因此，教师可通过剖析不同英语基础知识间的内部联系来帮助学生构建完整的英语知识网络，借此最终有效提高学生的系统思维意识。例如，在教学“doctor”、“diver”等代表职业的单词时，由于以往学生多不具备科学记忆方法，一味的死记硬背往往并不能就所学单词牢固掌握，在此基础上，教师可于课堂上适当创设“Which job do you like？”的问题，鼓励学生对照教师展示的职业图片来表述自己喜爱的职业，最终在学生回答“I want to be a doctor”等答案的过程中使学生充分记忆并理解不同职业的不同表述，并真正引导其构建完整的基础词汇知识网络。

三、基于英语文化注入，培养学生文化意识

对于我国学生来说，由于汉语为学生的主要语音，在学习英语时往往具有一定抵触心理。对此，教师除了要让学生形成一定的辩证文化意识外，还要引导学生学会透过语言看文化，在分析英语故事中社会现象的同时体会中西方文化的差异性。其中，与中国相比，西方人在与人交谈时多会在语言中增加一定的礼貌性用语，且一般不会像中国人一样问他人的经济收入或宗教信仰，这就使得在学习英语时，学生必须清楚了解西方文化的特点，只有这样，在真正使用英语进行交谈时，学生所学习的英语才能更加贴合实际语言环境。例如，在教学外研版七年级上册 Module10“Spring Festival”一课时，由于该课主要教学内容为中国的春节，因此，教师可于课堂上为学生介绍春节的来历和主要习俗，并通过比较中国春节与西方圣诞节过节习惯的差异来帮助学生形成健康的文化意识，最终一方面，增加学生对于文化知识的了解；另一方面，使学生树立一定的民族文化思想，并培养学生成为传统文化的新一代继承人和发扬人。

四、基于课堂问题引导，培养学生逻辑思维

在大多数人眼中，逻辑思维能力多存在于数学、物理等理工学科之中。但从实际来看，在英语学习过程中，逻辑思维同样十分重要。其中，英语学科中的逻辑思维一般包括问题分析能力和信息联想能力，这既是英语基础知识内涵的外延，又是英语学科与学生生活的联系。因此，如何使学生学会运用思考技巧来解析英语问题，是培养学生英语逻辑思维过程中的核心课题。在此基础上，教师可于英语教学过程中巧设发散性探究问题，引导学生运用已有知识来解析陌生知识，进而使学生形成系统的知识思维习惯，最终能够游刃有余的解决各种英语问题。例如，在练习英语题型中十分重要的阅读题型时，由于初中阅读文章多选自知名英语报道和英语故事，其中不免有一些学生不认识、不熟悉的陌生词汇，对

此，教师需帮助学生尽快解决盲目瞎猜的阅读解题习惯，引导其在已知词汇基础上分析陌生词汇的含义和语言情境，如依据前后语境推测词汇意思等等，借此，一方面，使学生彻底改正遇难而退的不良学习习惯；另一方面，使学生形成正确的解题思维，最终提高学生的英语思维能力。

综上所述，从目前来看，于初中英语课堂教学过程中融合英语学科核心素养培养，已经成为当前初中英语教育事业创新发展的主要渠道。对于实际英语教学工作来说，广大教师只有进一步深化认识，重点于学生思维意识、逻辑意识、文化意识和语言能力四个方面进行培养，才能在核心素养培养理念下改善课堂教学水平，才能进一步促进初中学生的能力发展。

第四节　初中英语教师学科教学核心素养培养

新课改背景下，对于学生学科核心素养的培养成为初中教学的重要目标。有鉴于此，初中英语教师在阅读课的教学中，就应该不断总结优秀的教学经验，改进教学方法，深入认识培养学生学科核心素养的重要性，从而有效地提高学生的沟通交流能力，帮助学生在一定程度上了解外国文化以及树立正确的价值观、人生观和世界观等。教师通过有效的英语阅读教学，能够在很大程度上提高学生的英语学科核心素养。本节将结合教学实际，谈一谈培养学生学科核心素养的方法。

经济全球化的发展以及信息全球化的发展，要求我们不断改进思维模式，以学科核心素养的培养为重点，改变传统的英语教学方法，优化英语教学方法，不断提高学生的核心素养，以适应新的社会环境和新的国际形势。

一、学科核心素养理论

核心素养侧重于学生的综合能力表现，包括个体对于知识的理解、情感的认知等多个维度。在英语教学的过程中，践行核心素养训练能够使学生感知英语的文化魅力，并且在学习中掌握学习方法，发展为应用型英语人才。英语阅读教学是初中英语阶段的学习重点以及难点，在考试中所占的分值也较大。英语阅读中所需要的思维判断力以及语言技巧，也反映着学生的学科核心素养。在开展阅读教学时，教师要以能力提升为教学目标，通过阅读巩固语言基础，帮助学生发展思维能力，以英语学科素养带动成绩以及个体综合能力的提升。

二、初中英语阅读教学核心素养的培养

采用合适的阅读教本，培养学生良好的学习能力。初中英语阅读是初中英语教学的关键环节，通过这一部分内容的教学，学生可以从中获取较多的英语专业知识和品德素养知识，采用合适的英语阅读教本是极为重要的。因此，教师在选取阅读教本的时候应注重所选内容的趣味性、道德性。同时，教师还应当注重所选文本的难度，使学生的综合能力逐渐增长。让学生带着问题对文章进行阅读，将学习内容与实际相结合，帮助学生在学习英语基础知识的同时提升自身的阅读能力。采用这样的方法对这一章的阅读内容进行讲解，能够使学生的学习不仅仅停留在浅层表面。学生在阅读文章中能够学到专业的英文知识，自身的道德修养、学习乐趣也能够得到提升。

分层次教学，提高学生的学习兴趣。在传统的教学方法中，教师是主体，教师在讲台上讲课，学生在台下听讲，学生缺乏主动性，很容易上课走神。创新英语阅读教学，首先，应当使教师和学生之间有效互动，以学生为主体，让学生在学习中发现问题和提出问题。这样，学生的学习主动性增加了，注意力集中了，新知识的学习就会印象深刻，自然就提高了学习效率；其次，教师在英语阅读教学过程中可以对知识点进行拓展，通过网络或者其他途径搜集相关的课外资料，丰富教学内容，让学生不仅学习知识点，而且拓展了他们的知识面；再次，英语教师在教学中应进行分层教学，将班级中的学生分成几组，上课前让学生对上课内容进行预习，课堂中让学生进行相互交流，使每位学生的思维活跃起来，使学生阅读的积极性得到提高，同学之间互相学习，实现共同进步。

加强文本阅读，构建学生的情感与文化认知。进行文本阅读时，教师要教给学生如何有效地抓住信息，让学生掌握学习的方法。在这一层面上，教师要加强对文章背景的讲解，让学生理解英语文化以及英语语言背后的情感，领悟作者的表达意图。另一方面，阅读从来不是单向的学习过程，教师要让学生更多地将自身的情感融入阅读学习中。同时，教师还要多关注学生，捕捉学生的亮点，运用鼓励性的评价对学生进行点拨，在沟通和互动的过程中，学生的思辨思维更容易形成。例如，在教学“How do you make a banana milk shake?”这一课时，教师可以让学生用英语分享自己了解哪些英语国家的饮食文化，在理解文本内容的基础之上，让学生潜移默化地理解英文语境，养成英文语感的思考习惯。

开展情境教学，激发学习兴趣。阅读兴趣需要在不同的氛围中进行培养，在课上，教师可以通过构建情境的方式将学生带入特定的氛围中，激发出他们对内容的好奇心，从而独立地完成对文章的理解。例如在“What’s wrong，Danny?”这一单元中，主要介绍了医生向患者询问病情的方式，以及如何准确地描述自己不舒服的方式。在教材的对话中，教师可以通过邀请学生分别扮演不同角色进行对话的方式，营造与单元内容相关的氛围，由此构建出特定的情境。在分角色扮演的过程中，他们不仅能够生动地了解对话中的内容，

也提高了个人的表达能力，由此清楚地了解到对话中存在的重点内容以及特殊的句式，在表演中将自己融入角色，激发浏览全文的兴趣。在他们的积极参与中，他们发现了不同的阅览方式，由此主动地翻阅单元中第二节的短文，通过朗读，感受信件中主人公从一开始对于去见牙医的恐惧到对陌生环境的害怕，接下来是医生的鼓励，最终解决问题之后感受到的道理。通过自主浏览，感受短文中主人公情绪的变化以及传递给我们的道理。在这样的方式中，他们能够发现英语短文中通常采用故事的形式传递给我们道理和信息，从而加深对内容的理解。在这样的情境构建中，学生能够调动自己的学习兴趣，主动地探索单元中的其他文章，在浏览中发现个人能力的提升，从而喜欢上英语阅读。

加强师生互动，合理评价学生。加强师生互动不仅仅可以培养教师与学生之间的感情，还能够提升阅读教学的效果。无论是课堂上的评价还是课后的评价，教师都应该以鼓励为主，尽量避免对学生进行批评，而是需要对学生进行启发，保证课堂氛围的融洽。通过师生互动可较好地提升学生的学习积极性，为学生学科核心素养的培养打下良好的基础。

由于每个学生对英语的学习能力都存在差异，所以教师不能够以分数为唯一的评价标准，而是需要采取多元化的评价方式，注意每个学生的进步，多对学生进行鼓励，激发学生的学习积极性，促进双方的有效互动。

合理启发学生思维，加深学生对文本的理解。在初中英语阅读课堂上，教师应该以教材为基础，以教材内的文章内容为依据，提升学生的语言能力与阅读能力。初中人教版英语教材所选择的文章都难度适中，具备合理性，但是对于初中学生来说，其英语水平普遍不高，所以教师应想办法加深学生对文章的理解。在学生进行阅读时，教师应激发其阅读兴趣，让学生能够深入地思考文章内容，无论学生能否取得良好的阅读成果，只要学生投入到了思考当中，就可以促使其获得进步。

除此之外，初中学生的英语能力仍然处于初级阶段，所以教师应该以学生的理解能力为基础，向学生传授一些英语阅读的技巧，提升学生对英语文章的认识。在教学活动的开展过程中，教师也应该与学生进行平等的交流，明确学生的阅读学习需求，了解学生在阅读学习过程中存在的问题，之后以此为依据开展教学，可达到事半功倍的效果。在教学过程中，教师还可以为学生创设合理的教学情境，多挖掘教材内英文与学生现实生活存在联系的资源，如此可在一定程度上加深学生对英文的理解能力，提升阅读教学的效率，培养学生的学科核心素养。例如，在人教版英语教材中，“The story of an eyewitness”这部分内容较为重要，在教师对这一课进行讲解时，学生很可能会遇到一些不认识的单词，比如在“The factories, hotels and palaces are all gone too”一句中，很多初中学生都对单词“factories”较为陌生，针对这种情况，教师应对学生进行引导、启发，让学生根据“hotels”这个单词推断“factories”的含义，学生经过思考认为“factories”应该与“hotels”一样，属于建筑类的词汇。这种教学方式可促进学生自主思考，提升阅读教学的质量与效率。

合理开展分层教学，培养学生语感。因材施教是境界最高的教育理念，基本所有教师都明白因材施教的重要意义，但真正能够在教学过程中对因材施教理念进行实践的教师基本寥寥无几，之所以会如此，主要是因为教师很少注重学生的个性特点，无法做到因材施教。针对这个情况，初中英语教学应加强对学生的了解，尊重学生与学生之间的客观差异，根据学生对英语的理解能力来实施教学，其中最合适的教学方式是分层教学，可以降低学生的学习难度。

在初中英语阅读教学课堂上，教师应合理分组，让学生与学生之间进行互动，就英语理解的相关问题进行交流，学生之间的交流可在一定程度上提升其语感，并加强学生对英语文章的思考。另外，教师也应该参与到与学生的互动过程中，了解每个学生的学习情况，鼓励学生，激发学生的学习兴趣，让学生敢于通过英语与同学进行交流，只有让学生真正地将英语“说”出来，才能够真正地提升学生对英语的理解能力。

初中英语教师应结合学生的实际情况将教学课程进行分层。对于英语阅读能力相对较好的学生，教师可以选择一些难度较高的文章，进一步提升学生的阅读理解能力，长此以往，这类学生的学科核心素养也能够得到培养；针对英语阅读能力一般的学生，教师应在对课程进行设计的过程中注重提升学生对基础内容的理解水平并向他们传授一些语言技巧，促进学生进步；对于英语阅读能力较低、英语基础较为薄弱的学生，教师为他们选择的英语文章不能太难，而是应该以基础阅读练习为核心，对学生的基础阅读能力进行培养，让学生进行重复的练习，预期可取得一定的教学成果。除此之外，教师还应合理设计问题，培养学生语感，针对不同学习层次的学生，教师应设计不同难度的问题，通过这种方式可以对学生的思维进行拓宽，引导学生对问题进行思考，最终提升学生的阅读理解能力，培养学生的学科核心素养。

总而言之，要想有效强化学生的英语学科核心素养，就需要初中英语教师引起充分的关注，通过创新教学方法以及运用多样客观的评价方式等手段，有效地提升阅读教学质量，进而促进学生全面发展以及健康成长。

第五节　初中英语学科核心素养下的主题阅读教学

传统阅读教学难以培养学生英语学科核心素养，因此，如何实现基于初中英语学科核心素养下的主题阅读教学已经成为教师争相探究的内容。文章简要阐述初中英语学科核心素养下主题阅读教学在阅读形式、阅读内容、阅读目标方面的影响因素以及如何利用明确合适主题、融入多元形式、注重问题带动、结合阅读评价达到以主题阅读教学提升初中英语学科核心素养的目的，以期增强英语对学生的培养效果。

英语在初中学生进行语言学习能力培养过程中具有非常关键的作用，能够帮助学生逐步形成比较完善的语言综合能力。同时，随着素质教育被重视的程度越来越高，在初中英语教学过程中，主题阅读教学的优势已经得到大幅展现，不仅能够显著提升学生对学习初中英语的能动性，也能对学生的思想意识，品德文化方面产生较大地影响，有效地为初中生学科核心素养方面的培养注入新的活力。

一、基于初中英语学科核心素养下主题阅读教学的影响因素

（一）阅读形式

阅读形式是主题阅读教学的重要保障，也是能否体现主题阅读教学效果的关键。通常情况下，初中英语阅读教学多为教师在讲解其中关键内容后，由学生针对教材中的具体内容进行阅读。这种形式虽然不会导致教学内容产生偏差，但是学生能够从阅读中获取知识和发挥主观能动性的机会却被严重限制，导致学生对初中英语方面始终保持低迷的情绪，缺少积极学习的动力，如此想要达到利用阅读教学培养学科核心素养是难以做到的。

（二）阅读内容

阅读内容是主题阅读的灵魂，也是不可缺少的基础。只有拥有丰富且合适的阅读内容才能够让主题阅读教学拥有正确的方向，学生才不会在参与的过程中以迷茫的状态进行阅读，从中也能够收获到许多对学习活动有极大用处的内容，学生的认知、思维逻辑等方面也都能够得到增强，学科核心素养的培养自然能够顺利进行。相比之下，传统的英语阅读教学只限于教材中的内容让学生难以做到充分提高语言学习能力，即便融入扩展阅读的内容也大多没有针对性的主题，导致阅读教学取得的效果极低。

（三）阅读目标

传统初中英语阅读教学的目标是让学生掌握阅读中内容，提高学生在英语学习方面的能力，能够在考试中发挥出应有的效果，这样的目标导致初中英语的阅读教学过于片面。至于主题阅读教学在阅读目标上则呈现出更加全面的态势，通过有针对性且适合学生阅读的主题不仅能够让学生获得应对考试的内容，也能够在阅读中提高相同知识的储备量，加深对知识内容的理解，从而对初中英语产生新的认知，还能培养学生喜欢阅读、愿意阅读的好习惯。

二、基于初中英语学科核心素养下主题阅读教学的相关对策

（一）明确合适主题，形成语言能力

主题是展现主题阅读教学的核心环节，只有拥有相应的主题，才能让主题阅读教学具备真正的意义。想要选取合适的主题，需要从其完整性、趣味性、层次性方面入手，其中完整性是选择的主题必须要具有完整的特点，避免出现与传统阅读教学相同的情况。传统阅读教学最大的特点便是主题不明确，即便教师已经讲解了当中的内容，但是涵盖的多项

知识点是比较分散的，学生能够真正吸收和掌握的却非常少。所以教师只有为学生明确适合他们阅读的主题，才能够让他们在阅读过程中能够把握方向，避免出现读而不知其内容的情况。比如进行“Pets”的阅读教学时，教师需要可以让学生以宠物作为主题开展阅读，学生自然能够在大量的阅读过程中选择与宠物相关的内容，有效地降低产生盲目阅读的概率。趣味性是主题阅读教学中不可缺少的部分，因为只有阅读的内容具备趣味性的特点，才能够让学生拥有持续阅读的动力，例如上述“Pets”的主题是宠物，而宠物在学生生活中是极为常见的，所以这样能够与学生生活相关联的主题自然可以具备较好的趣味性，也能够唤起学生内心了解更多关于宠物内容的欲望；层次性是针对主题阅读教学的内容，也就是教师给予学生的主题阅读内容要能够与初中生的生理特点和认知水平相契合，虽然他们在认知上已经形成一定的基础，但是整体水平依旧不高，只有主题阅读内容可以拥有由浅入深的层次，才能确保阅读的过程可以顺利开展，否则即便明确主题，却因为过于困难而阻碍学生的阅读兴趣和进度。由此可见，具备上述特点的主题才是更加适用于初中阶段学生的，也能够让他们对初中英语产生新的理解，学习兴趣也能变得更加浓烈，才能在不断阅读时逐渐形成掌握语言的能力。

（二）融入多元形式，树立文化意识

文化意识是主题阅读教学中不可缺少的方面，也是重要的初中英语学科核心素养。由于初中阶段是帮助学生形成文化认知的关键时期，因此，主题阅读教学能够更好地满足该方面的需求。主要表现在主题阅读教学不仅让学生在阅读过程中能够对特定的内容逐渐产生认识，也能够利用许多相同的内容来增强认识的水平。至于实现该目的方法是通过在进行主题阅读时，融入多种多样的形式，让学生阅读活动中的枯燥特点被有效地消除，对英语内容的理解也愈加便利。例如阅读“International charities”前，学生对于各类慈善机构并没有确切地认知，所以教师在开展阅读教学前可以先让学生利用书籍、网络等手段了解慈善机构的定义，再给予几个代表性的机构名称用作参考，并要求学生运用英语罗列出更多的相关名称和机构的职责。通过这种方式，学生能够在阅读的过程中对主题内容予以思考，逐渐对其拥有清晰的逻辑认知，在运用英语进行表达时既能表述自己的想法，也能够掌握英语与汉语间在表达上存在的差异，从而形成较好的文化意识。或者在主题阅读教学的过程中结合图像、视频、音频等元素来帮助学生了解阅读内容的主题，也能够将学生已经阅读的主题予以形象化的方式展示出来。例如阅读“Seasons”内容时，虽然学生对季节的主题拥有较多的了解，但是想要在阅读后真正掌握“a poem about seasons”中所表达的内容还是有些难度的，此时教师可以在学生阅读的过程中加入与内容相关的视频、音频等内容让学生在阅读过程中遭遇理解难题时，可以利用感官来解决问题，这样不仅有利于学生掌握已经阅读的英语内容，也能够大幅度提高主题阅读教学的效率。

（三）注重问题带动，提高思维品质

英语与汉语间无论是表达方式，还是句型结构都有着非常多的差异。在进行科目学习时，对学生的思维品质有着极大的考验，所以想要达到培养初中生英语学科核心素养的目的，就必须要在提升思维品质上予以重视。在主题阅读教学中提高思维品质的方式比较多样，其中问题带动是最常见的方式之一。顾名思义，问题带动便是在阅读的过程中，以问题来带动阅读，让学生在阅读时怀揣着不同数量的疑问，这样学生阅读的主题内容将变得更加明确，也不会出现脱离教学内容的情况。比如阅读“Let’s celebrate!”内容前，教师可以提出“Halloween 是什么节日？”“节日时人们会做些什么？”方面的相关问题。学生经过阅读便能够了解该节日在具体时间、节日特性、节日习俗等方面的具体内容，从而形成相应的逻辑思维结构。在这样的逻辑条件下，教师也可以让学生对比中西方在此类节日上的异同点，提高学生思维的广阔性。同时，可以利用问题带动来提升学生思维的灵活性，比如以上述内容为例，学生在了解 Halloween 节日内容后，教师可以让学生再次阅读，并思考出现此类节日习俗的原因是什么？此类节日在中国产生相应习俗的原因又是什么？此时学生不仅是对主题内容的阅读，也会进行深刻地思考，而且在思考的过程中也能够对这些内容予以灵活地区分，能够自行避免出现混淆等问题。最主要的是，学生在对已经阅读的主题内容予以思考后，还要运用特定的手段予以强化，例如利用英语书写简短作文或者读后感等，让学生的主题阅读能够得以进一步消化，毕竟写作能够将学生经过主题阅读活动所掌握的内容具体化，也是对主题阅读教学效果的直接检验。

（四）结合阅读评价，培养学习能力

由于主题阅读教学已经成为初中英语教学中的重要手段，也属于教学活动的形式之一，因此，在主题阅读教学过程中自然不能缺少评价环节。阅读评价应当在主题阅读教学的全过程中得到有效的贯穿，不仅是对主题阅读教学成果的检验，也是培养学生学习能力必不可少的途径。例如教师可以针对学生主题阅读的总结情况来进行评价，检查学生参与主题阅读教学的实际情况，也能从中发现主题选择是否存在不合理的问题，为开展进一步改正，优化主题阅读教学内容提供充足的依据。或者教师根据班级人数提前规划好特定数量的小组，先由组内成员进行组内主题阅读总结的评价，这样既能引起学生对主题阅读教学的重视，也能够为积极参与的学生提供深入了解自身的机会，即通过他人的评价可以让学生掌握在初中英语主题阅读教学中未发现的情况，为日后自我提升给予更多基础；还可以利用分组互评的方式来让不同的小组接受其他组在主题阅读结果上的评价，这样也能够给予学生较多的提升。毕竟学生在给予他人评价和听取他人对主题阅读总结评价的过程中也能利用信息的不断传递来对自身的思维予以开发和启迪，让他们逐渐掌握和运用更多方法来学习英语，从根本上实现培养学生在英语方面的学习能力。

综上所述，初中英语学科核心素养是该阶段的学生应当具备的基本能力，也是学好当前学科的关键，所以教师在进行初中英语阅读教学时融入主题阅读教学的方法显得尤为重要。但是必须要对在阅读形式、阅读内容、阅读目标方面的影响因素拥有全面的了解，才能够通过明确合适主题、融入多元形式、注重问题带动、结合阅读评价来针对初中学生英语学科核心素养予以全面的培养。

第九章　初中英语阅读教学中高阶思维能力培养

第一节　初中英语阅读教学中高阶思维能力培养

随着我国新课程改革的不断深入与素质教育的飞速发展，家长、学校等各方越来越注重学生综合素质能力的提升，尤其是对学生高阶思维能力的培养。作为新课改要求下的素质型思维能力，高阶思维能力包括创新能力、决策能力、解决能力与实践能力等方面，高阶思维能力的提升可以有效提升学生的学习能力。同时，高阶思维能力的培养可以提升初中英语阅读教学实践活动的质量与效率。想要有效培养学生在阅读中的高阶思维能力，教师就要坚持科学合理的教育原则，结合阅读教学活动中的关键环节采取积极有效的教学策略，循序渐进地锻炼学生的高阶思维能力。本节从介绍高阶思维能力的含义，分析初中英语阅读教学中培养思辨思维的现状入手，对阅读教学活动的课前、课中以及课后等阶段培养初中生高阶思维能力的路径进行重点探究。

作为初中英语教学中的关键环节，阅读教学可以有效培养学生的高阶思维能力与阅读理解能力。尤其是在新课改推进的背景下，学生的综合素质能力越来越受到人们重视。因此，更加高效地开展英语阅读教学，培养学生的高阶思维能力成为当前初中英语教学的重中之重。

一、初中英语阅读教学中关注思辨思维的重要性

初中《课标（修订）》以思维的逻辑性、批判性和创造性为标准，将思维品质划分为三个水平等级。低阶思维：依据已知信息提取共同特征，对信息进行简单的查阅、识记、理解；中阶思维：可以将所有现有信息进行归纳总结，分析理由并进行简单应用；高阶思维：将综合信息进行归纳、概括，找出内在规律，并进行思维创新，形成自身的观点。高阶思维能力是建立在简单的识记、理解等初级思维能力的基础上，对初级思维认知中所获得的信息进行综合推理判断的高级信息处理活动，以获得更加丰富、更加层次化的信息，并对现有的知识体系进行补充，使其不断得到优化升级。具体到初中英语阅读教学来讲，培养学生高阶思维能力的过程是在英语阅读教学实践活动中不断健全学生的逻辑思维

能力、促进学生掌握高效的学习方法、提升学生英语核心素养的过程。

高阶思维能力能够最大限度地体现学生的学习价值。掌握了高阶思维能力，学生就可以在阅读过程中获取更多英语知识，不断完善自身英语核心素养。高阶思维能力不是让学生将阅读认知流于表面，而是促进他们积极获取更深层次的知识。在英语教学中，英语阅读具有十分重要的地位，它不仅可以提升学生的素质，还可以传承文明。这说明阅读不单单是学习和了解一门语言，还提供了另一种沟通的途径。因此，阅读是具备思维和心理的一种双重活动，在阅读过程中，学生不仅可以感受到文章想要表达的真情实感，还可以将阅读内容联系自身实际生活，在感受英语语言魅力的同时用理论指导实践，提升自身思维能力。

二、初中英语阅读教学中培养思辨思维的现状

在传统教学中，英语阅读教学并未将思维培养放在明确地位。虽然在英语阅读过程中，学生需要不断思考，也在时刻发散思维，但是多处于无意识应用的状态。同时，教师也并未对思维能力进行系统训练。传统的初中英语教学对语言知识较为重视，导致课堂过于枯燥乏味。一些教师在进行英语阅读教学时，或将文章分解得过于琐碎，或在讲解时流于表面，无法让学生进行深层次的思考，使思维品质训练一直处于低阶思维阶段，缺乏深度思考与分析。

三、高阶思维能力在初中英语阅读中的培养策略

（一）课前阶段的高阶思维能力培养策略

当前，学生开展英语阅读课前预习活动时，通常是一种自我学习行为。因此，在课前预习阶段，教师可以结合教材内容与目标为学生制定具有一定引导性的课前预习任务，引导学生有意识地锻炼自身的英语思维能力，培养高阶思维能力，获得更好的学习方法，不断提升阅读学习效率。

例如，教学“Body Language”这一单元时，在阅读教学活动开始前，教师可以利用多媒体设备向学生展示一些不同国家或不同地区有关肢体语言的小视频或相关单词，使其对本单元的教学重点 get to know what is body language and cultural differences & international communication 有初步了解，并提出 Who is the funny man in the film?Do the actors say anything in the show? 等问题。通过一步步的引导性活动，不断提升学生的自主思维能力，促进其形成高阶思维能力。

（二）课堂教学环节的高阶思维能力培养策略

初中英语阅读教学活动的目的不仅是让学生掌握单纯的阅读技巧与英语素材，更重要

的是让学生在阅读过程中锻炼自身逻辑思维、创新能力等高阶思维能力，促进自身综合素养的不断提高。因此，教师在开展英语阅读教学活动时，应与时俱进，不断创新教学策略，运用各种科学方法训练学生的高阶思维能力。合理开展教学设计可以有效帮助学生锻炼高阶思维能力。例如，讲解“Fishing with birds”时，教师在课堂中可以将学生科学合理地分为 A、B、C 三组，分别布置不同的学习任务。教师在设计学习任务时，要具有一定的针对性。在课堂上相同的阅读时间内，学习能力较差的 C 组学生可以进扫读、跳读，通过对段落标题及首尾句、重点句的阅读，对文章的内容结构形成初步的整体印象，了解作者想要表达的主旨与文章所涉及的问题，在阅读过程中，将生词、词组进行标注；B 组学生可以在标注的基础上根据以往的英语知识进行含义猜测与知识联想，培养自身的英语高阶思维能力；A 组学生可进行细读，在了解文章主旨的基础上形成新的问题或观点，进一步锻炼自身的思维能力。在初中英语课堂开展分层教学可以使不同学生利用已有的知识基础，完成自己能力范围内的阅读任务，提升口语交际能力，有针对性地提升自身英语高阶思维能力。

（三）课后巩固环节的高阶思维能力培养策略

要想有效提升学生在阅读方面的高阶思维能力，不仅需要课上的锻炼，还需要课后的巩固。因此，在完成课前预习及课堂教学内容之后，教师应结合本节课的教材内容，合理设计课后阅读训练，巩固教学效果，使学生有效借助课前及课堂所学知识，自主解决实际生活中遇到的阅读问题。在这个过程中，学生可以锻炼自身的知识迁移能力。借助这样的教学模式，还可以使英语阅读作业变得丰富有趣，避免单纯枯燥的记单词、背课文等传统作业形式降低学生自主学习的积极性，有助于学生进一步锻炼高阶思维能力。例如，讲解完“Traditional skills”这一单元后，教师可以为学生布置一些具有拓展性内容的作业，如了解自己实际生活中接触到的传统技艺，对这些传统技艺进行初步调查，用所学英语知识整理成一篇文章。在这个过程中，学生会自觉对课堂阅读中所学习到的单词、词组、句型等进行综合应用，甚至还会主动运用一些教学过程中没有提及的知识，无形中丰富自己的英语词汇储备，提升自己的高阶思维能力。另外，为了提升学生思考、评价这个方面的能力，还可以让学生针对作文中所运用的词汇、句型、语法、布局等，对此次作文进行互评。在相互评论的过程中，学生的评判性思维可以得到良好的锻炼，能帮助学生进一步提升高阶思维能力。

（四）课外拓展过程的高阶思维能力培养策略

在当前的初中英语阅读教学实践中，由于课时安排有一定的限制，在有限的课堂实践中，教学内容也具有一定的局限性，一定程度上阻碍学生发散思维、锻炼自身的高阶思维能力。这就需要教师在科学合理的情况下，积极借助各种有效的课外活动对教学内容做出补充与拓展，进一步延伸教学内容，使学生的阅读知识与思维能力不断得到开发，从而发展高阶思维能力。例如，讲解“The unknown world”这一单元后，教师可以组织学生参观本市科技展览馆，让学生真实感受到未知世界中的事物。在参观过程中，学生可以巩固本节课的词汇知识，提升自身的知识迁移能力。此外，教师可以借助多媒体设备让学生观看相关科学纪录片，并让学生运用本节课的阅读知识点总结观后感，锻炼自身的高阶思维能力。

综上所述，初中英语阅读教学活动可以帮助学生获取不同类型的英语知识，锻炼学生的高阶思维能力。要有效提升学生的高阶思维能力，促进初中英语阅读教学质量的提升，需要教师从课前、课中、课后、课外拓展等多方位、多角度进行训练，帮助学生获取不同类型的知识，理论指导实践，不断补充学生的英语阅读知识体系，有效提升学生的高阶思维能力。

第二节 高阶思维能力培养的初中英语群文阅读

初中英语作为学生英语能力培养的黄金阶段，无论是英文文献阅读能力还是英语读写能力，在这一阶段为学生打好基础对以后高中英语以及大学英语的学习都有很大的作用。在英语教学中有很多教学模式，这些教学模式对老师的教学过程有很大的辅助作用，例如在英语阅读的教育教学过程中，可以使用群文阅读的教学模式来提高学生的高阶思维能力。在英文阅读教学时，要从学生的英语学习基础的实际情况出发，注重培养学生的英文思维能力，在选择英语阅读教材和学生平时的阅读内容时，要注重培养学生的高阶思维能力。

在初中英语的群文教学模式中，老师需要在英语课堂教学前，选择一个这节课英文阅读的主题，就这个主题搜索一些相关的英文文献或英文期刊。在英语课堂上，对于这些英文文献或英文期刊进行分析、探讨。主要的教学过程是先让学生自主阅读英文文献，对于文献中不懂的单词或长难句可以通过查阅英文字典或者讨论的方式进行解决，在自主完成英文文献的阅读之后，各小组之间就英文文献中的具体内容进行讨论。这样的过程对于学生的英文阅读能力以及英语自学能力和英文阅读素质都有很大的提升。在英语阅读教学过程中，群文阅读是一种很具有前沿性和突破性的阅读教学思路。这种阅读教学模式不仅可以培养学生的自主阅读能力、概括能力、表达能力以及文献中心思想的总结能力，还可以培养学生对英语课外知识的兴趣，使学生从各个方面思考英文文献中所传递出来的内容，对学生的自我学习英语的能力有所促进。本节从初中英语的教学实践的一些实例中出发，对于初中英语阅读的群文教学模式进行探讨，希望可以达到促进学生英文高阶思维能力提升的目的，对初中英语教学者的阅读教学模式改革有所帮助。

一、开展群文阅读的基本方式

（一）在选择文章时要深入相同主题的文本

在初中英语教学中，英语外研版教材的每一个学习单元都是严格按照学习主题进行划分的。教师可以针对不同的教材文章主题引导学生阅读主题相同的英文文章。在课前教师可以要求学生先自行完成课堂上将要学习的英文文章的内容阅读工作、整理出在阅读过程中遇到的一些问题并提炼出文章的中心思想。对于主题相同的文章，引导学生思考这些文章的相同之处和不同之处并对文章中心思想进行总结和探讨。在课堂上可以将学生分为不同的小组，小组之间相互交流，就文章内容形成各自的意见，并最终对这些意见进行评估分析，讨论小组的阅读意见与所选文章的中心思想和主题是否一致。学生在这个学习过程中，既提高了英语阅读能力，又能围绕主题发挥自己的想象力，从各个方面对文章内容进行思考。在课堂的最后老师可以就不同小组之间的意见进行对比分析，最终得出一个较为恰当的答案。

（二）在选择文献时尽量选择同一作者的英文作品

在选择群文阅读文章时，老师应该尽量选择同一作者的作品。一般可以用来在课堂上进行学习的英文文章都是权威性比较强、影响范围比较广的文章。而英文作家的很多作品，在他写作的不同时期和不同背景下，想要表达的感情以及文章的内容都可能有所不同。对于一个作家，老师可以将其不同时期的作品分类归纳，让学生进行群文阅读。这样的过程可以加深学生对于这个英文作者的了解，也能体会到这个作家在他创作的不同时期想要表达的内容和情感，与此同时，还可以引导学生对作者的思想进行深入的思考和探究，对于学生的自主思维能力的提高也有所促进。

（三）研究相同体裁英文读本

不同英文体裁的作品想要表达的内容和具体表达的形式都会有所不同。在选择英文文章时，老师应该尽量选择相同题材的文章，对于相同题材的文章进行总结归纳，这样的阅读相同体裁文章的群文阅读过程可以提高阅读的效率，也能提高学生的审美能力，在此基础上还可以提高学生的英文思维能力。一般具有相同体裁的英语文章的写作手法和写作特点都有相似之处，针对这些相似点老师可以在课堂上加以分析说明，这些写作手法的相似之处对于学生的写作能力和阅读能力都有所帮助。学生在之后的学习中遇到相同体裁的文章或者需要写作相同体裁的文章时就能做到心中有数。

二、开展群文阅读，培养学生高阶思维能力的方式

（一）为学生选择合适的英文文献

教材在教育教学过程中的重要作用不容忽视，即使是偏实践的英语阅读教学也离不开书本教材上的间接知识。在教育教学中，教材作为一个媒介，起着吸引学生注意力、辅助老师教学的重要作用，而授课的主要内容也是教材中的内容。在进行初中英语阅读教学的过程中，教师需要选择内容典型的英语文章和教材，所选教材应该内容丰富，在没有老师引导的情况下学生也可以从教材中找到自己感兴趣或者需要的内容进行自学；科学合理的英语文章应该是和学生的距离不是很远的内容，最好不要出现一些和学生毫无关联的内容，这些内容不仅起不到拓展眼界的作用，而且还会让学生产生懈怠感。

（二）给予学生科学地指导

虽然学习的主体是学生，但教师在教学过程中的辅助作用和引导作用对于学生的知识理解和掌握情况也有很大的帮助。一般初中学生的知识的总结能力和知识迁移能力还不是很完善，所以老师在群文阅读教学过程中要给予学生一些科学合理的指导。在群文阅读过程中，老师可以教给学生一些有效的阅读方法。例如，在进行《Forensic analysis of WhatsApp Messenger on Android smartphones》这篇文章的学习时，要求学生先进行泛读，从第一遍的泛读中先要大概了解文章的中心思想，搞清楚这篇文章到底想要说明什么内容或者传达什么样的感想，在完成泛读之后，老师指导学生对文章的每一段进行细读分析文章中安卓手机的相关内容，文章中主要介绍了安卓手机上 App 的一些大致内容第二遍的细读过程。可以给学生提出一些问题大致可以包括解读文章内容分析文章细节总结文章，中心思想的第三遍，要求学生进行逐字逐句地精读，对于文章中的中难点句和生僻的单词以及长难句进行分析，总结各小组在进行探讨交流。并就文章内容总结出自己的观点和想法，对于这些想法和观点的老师进行针对性的评价和补充，并要求学生从各个方面各个角度以及各个层次对文章内容进行分析和理解，这样的教学个过程，便可以促进学生的自我思维能力和自我总结能力的提升。

（三）拓展英文文本，开拓学生思路

初中英语阅读学习过程虽然很大程度上依赖于初中课本，但是不能被课本所限制，在群文教学模式中老师要适当地进行文本和知识延伸，拓宽学生的知识面，开拓学生的思路，同时可以达到提高学生的英语学习兴趣和提高英文阅读能力的教学目标。例如，在学习《能源消耗和尚未明了的亚洲北部、北美冬季变暖——Energy consumptionand the unexplained winterwarming overnorthern Asia and NorthAmerica.NatureClimate Change》一文时，在学生自主完成翻译全文英语文献之后，老师可以就这篇英语文章的内容向学生

讲述这篇文章的写作背景及涉及的相关环境问题，让学生更充分地了解作者想要传达的中心思想。

在初中英语学习中，学生的英文词汇量还不是很多，学习另外一门语言的困难也比较大，所以老师在进行初中英语教学过程中，一定要注重教育方法和教育理念。在进行英语阅读教学过程中群文阅读作为一种新兴、前沿的阅读教学模式，它的发展空间巨大，未来的应用也很广泛。通过学生自主阅读英文文献并讨论文中具体内容，总结文章中心思想的学习过程来提高学生的英语阅读能力。在具体群文阅读教学过程中会遇到很多问题，针对这些问题相关教育者可以进行分类整理，并有针对性地加以解决。但是这样的群文阅读模式，一般要求学生有一定的英语阅读能力和词汇量，所以在实际的教学过程中，这种教育模式并不适用于所有的学生。对于那些基础较差、词汇量较少的学生，在学习英语时，尤其是学习英语阅读时，老师不能盲目地要求他们进行全文阅读的方式。要因材施教，对于这部分学生找出针对他们的教学方式，从实际出发，不断开拓进取。对于每一个学生都要结合他们的实际情况和具体需求制定出一套行之有效的英语阅读学习方案，达到提升学生英语阅读水平的教学目标，在此基础上尽量提升学生的英语思维能力。

第三节　高阶思维的初中英语故事读后写作拓展

笔者所在学校属于山区农村中学，学生总体上英语基础薄弱，对英语语言能力掌握不足，在听、说、读、写四项英语技能中，写的技能更是低下。学校八年级学生共 258 人，其 2017 届八年级上学期末统考书面表达平均分仅为 6.33 分，前 40 名的平均分为 11.14 分（满分 15 分）。因此，如何提升学生的英语写作能力是教师亟待解决的问题。英语写作能力不仅是学生需要掌握的基础语言能力之一，也是英语教学的重要目标。故事型文本能激发学生阅读和学习的兴趣。故事读后写作拓展是一项涵盖了“阅读＋分析创造＋输出”的综合性学习活动，它不仅是读的延续，还是写的发展，有利于发挥学生的想象力，提高他们的写作能力和创作能力。

思维是通过分析、判断、想象等认知活动，完成信息转换，形成新的认知结构的过程。布卢姆教育目标分类说根据认知过程的六个层次，将记忆、理解、运用划分为低阶思维，将分析、综合、评价划分为高阶思维（Bloom&Engelhar，et al 1956）。高阶思维是一种以高层次认知水平为主的综合性能力，如批判性思维能力、创造性思维能力、信息素养及写作能力。

基于高阶思维的故事读后写作拓展教学模式，体现了对英语学科核心素养（即语言能力、文化意识、思维品质和学习能力）的培育。它与初中英语课程标准强调的对思维的培养是一致的，根据不同的读写内容，设计相应的写作拓展任务，让学生在写作过程中不断产生创造性思维的火花，实现高阶思维训练，从而提升思维的活跃度，拓展思维的深度和广度。

一、基于高阶思维的初中英语故事读后写作拓展教学模式的实践

本研究选取了笔者所在学校部分学生作为对象，以课本为依托选取故事型文本，建立层层递进的故事读后写作拓展教学模式：文本赏析→文本续写→文本改写→评价反馈→后加工设题。下面，以广州版初中《英语》九年级（上）Unit 7 Reading 部分的阅读文章 Tom Sawyer paints the fence 为例，探究该教学模式的具体应用。

（一）文本赏析

在文本赏析环节，教师引导学生通过对故事型文本的阅读学习，概括文本的主旨大意，赏析故事型文本的语言，表达读后感受，以及透过文本思考其背后所蕴含的深层含义，如了解文本传达的情感态度和推断作者的写作意图，分析人物的观点、情感和性格等。

围绕 Tom Sawyer paints the fence 的故事内容，教师提出以下问题：（1）What do you think of the story?（2）What do you think of the characters in the story?

引导学生通过个人思考和分析，将所思所想整理成文，形成个性化的文本分析和人物评价，同时通过小组探讨和班级研讨的方式，拓宽分析思路、深化文本赏析、增加文章亮点。

对文本赏析结果分析可知：（1）学生对此故事文本存在多种认识和看法，如 humorous，wonderful，interesting 等；（2）学生对人物的评价多样化，如在评价主人公汤姆（Tom）的性格特点时，有的学生认为他是机智、聪明的，有的学生认为他是狡猾、懒惰、不诚实的；（3）学生对人物的分析不再单一，不局限于主人公，也关注故事中的其他人物如本（Ben），Aunt Polly 等。

同时，在赏析该故事的过程中，学生个性化地分析文本，集体性研习，充分把分析、归纳、推理、评价等思维技能渗透在学习和研读过程中，为高阶思维能力的逐步培养做好了铺垫、埋下了伏笔。

（二）文本续写

文本续写将阅读与写作紧密结合，根据故事型文本内容，身临其境地了解故事背景和情节，理解作者的写作意图，将知识进行内化和迁移，是“输入+创造+输出”的过程。这个过程不仅可以提高学生的英语语言运用能力，还可以刺激并发散学生的思维，使其思维能力得到充分的开发。

围绕 Tom Sawyer paints the fence 的故事内容，教师首先让学生根据故事文本内容思考以下两个问题：（1）How does the story develop?（2）What may happen? 并鼓励学生大胆猜测故事的发展，延续作者的写作意图，初步搭建写作框架；其次，在课堂上梳理写作方

法和写作细节，分析篇章结构，探究故事文本的词汇和句型，甚至是修辞手法，再让学生进行一定的模仿和创造；最后，让学生根据自身搭建的写作框架，结合已有知识如词汇、句型、写作技巧等，进行知识的迁移，形成写作思路，确保表达的条理性和逻辑性，进一步丰富写作框架及内容，逐步成文。

对文本续写结果分析可知：（1）学生续写关注的主体丰富化，写作视角不限于主人公汤姆，也关注更多的主体，如本、比利（Billy）和 Aunt Polly，甚至包括故事文本中的物体，如苹果；（2）学生续写的故事情节走向多变，不仅有对故事结果的描述和猜测，还有新的故事发展动向和其他人物的出现等；（3）人物性格特点的后续开发，截然不同的后续故事中赋予了人物多样化的性格特点，如主人公性格的反转、不同人物性格的丰富等，使人物形象更加立体。

同时，在故事文本的续写过程中，学生思考、分析故事文本走向，模仿故事文本的语言风格，以作者的思维，搭建故事框架，使故事情节合理发展，培养分析和批判性思维能力。

（三）文本改写

故事型文本改写要求是在原故事大背景下，对故事情节、故事结局等重新描述，塑造不同于原故事的故事情境与细节、故事人物性格等，让改写的故事具有个性色彩。

围绕 Tom Sawyer paints the fence 的故事内容，教师让学生思考以下三个问题：（1）If you are the author，what may happen in your story?（2）How does it go on?（3）Is there any difference or surprise? 引导他们进行小组讨论，并经过个人思考，完成故事改写任务。在改写过程中，学生自主选择情节走向、人物性格赋予等。

对文本改写结果分析可知，基于相同的汤姆面对刷漆任务的故事情境，不同习作中故事主人公汤姆的想法和做法呈现多样化。有的习作中是汤姆通过转换点子吸引他人完成；有的习作中汤姆不再偷懒，反而变得勤奋，独立完成了工作；有的习作重点表现的是汤姆和小伙伴的团结协作精神。学生通过思维的发散和想象力的充分发挥，产出了多种多样的、具有个性色彩的故事。

同时，在故事改写过程中，学生跳出原作者的思维、写作模式和原故事情节，开启创造性思维，把握态度和情感，思考新的故事走向和情节，进行二度创作，让改写文本注入个性化的情节设计、写作方法。这个过程不仅提高了学生的写作能力，还激发和发展了他们的创造性思维。

（四）评价反馈

对写作及时的评价反馈是再次提升学生写作水平的有效方法。在学生完成对 Tom Sawyer paints the fence 的文本赏析、文本续写和文本改写中的一个环节后，教师让他们根据习作评价表，借助教师评价、生生互评、小组共评等多元评价方式，评价所写文本的写作方法、技巧和内容等，分析其他学生的写作思路和写作特色，反馈自己习作中存在的问题和应改善的地方。

通过及时的评价反馈，学生能再次审视自己的习作，对其有新的、全面的认识，提升自己的认知能力，拓展思维的深度和广度。同时，及时的评价与反馈能让学生的思维迁移，及时处理习作中存在的问题，如拼写错误、语法错误、句子结构错误、连接语单一等，通过修改，使习作的结构得到优化，词汇、句型更加丰富。在此过程中，学生的分析、比较思维能力和批判性思维能力得到培养。此外，生生互评、小组共评等多元评价方式让学生了解了其他学生的写作思路和写作技巧，启发了他们的创造性思维，为下次写作做好了铺垫。

（五）后加工设题

针对学生文本赏析、文本续写、文本改写及评价反馈后的成品习作，进行交叉设题活动，教师引导学生了解合理创新后的故事文本，并针对此文本进行开放性的质疑和设问。教师选取一篇学生文本续写习作：

On that night，Tom was counting his toys which his friends exchanged this morning.He was so cheerful that he jumped and jumped.

Then he went to the window side，staring at the fence carefully.Suddenly，Ben Rogersshouted：“Liar!You have treated us to paint the fence instead of you.”“Liar!”“Liar!”There were some people behind Ben，Billy and John.

“My god!”Tom was thinking to run，but Ben caught him quickly，and Tom fell down from the window.Meanwhile，Aunt Polly heard something happened.

When Ben started to punish him by hitting.Aunt Polly hurried in on time，“What’s the matter?”Nobody answered.Then she asked Tom，Tom had to tell the truth.Finally，Aunt Polly understood what happened.

That night，Tom was punished to paint double fence by himself.

然后让学生以小组为单位共同阅读并进行设题提问。其中一组学生提出以下两个有效问题：（1）Why were Ben，Billy and John angry?（2）What’s Aunt Polly’s feeling when she knew the truth? 让其他学生思考这两个问题并作答。在此过程中，教师也鼓励学生模仿中考阅读理解题型，增设四个选项，深化设题过程的思考力度。

通过设问，学生进行层层递进的思考，他们的思维能力被调动和激活，其分析、批判、创造性思维能力得到进一步提升，培养了高阶思维能力。

二、基于高阶思维的初中英语故事读后写作拓展教学模式的作用

（一）促进学生高阶思维的发展

本研究根据农村地区初中学生英语学习实际，选取了初中教材中一系列具有教育意义

的故事型文本，如 The last leaf, The gift 等。通过对它们的文本赏析，激发学生的批判性思维，并使其在此基础上发散思维，进行不拘一格的个性化文本续写、改写，并通过及时评价反馈和后加工设题，推动学生思维能力的发展。

分析能力、评价能力、创造能力可以作为衡量高阶思维是否发展的参照因素。能对文本内容作批判性阅读和述评，并把自己的想法和观点组织成流利的英语文字；能根据一定的情境，基于原文本的语言和形式进行改写，是创造性思维的表现。对故事型文本的写作拓展，推动了学生高阶思维的发展。

（二）帮助学生积累优质的语言表达

在故事型文本赏析、续写、改写过程中，学生经过自己的思考和梳理，在写作中运用多样词汇、高级短语，有效句型如介宾短语开头、复合句、感叹句、万能句、谚语等，在循环写作拓展模式训练下，不断强化和积累。同时，教师通过对习作的多元化评价和及时反馈，梳理和总结出更多学生优质的语言表达，使其逐步形成写作丰富表达资源库。由此可见，强化性的输入帮助学生输出和创造，促进了“阅读＋分析创造＋输出”的良性循环。

（三）提升学生的英语写作水平

经过一年的故事读后写作拓展训练，学生在九年级下学期一模考试中的书面表达平均分为 7.73 分，前 40 名的平均分为 12.33 分（满分 15 分），比前一年的分数有明显提升。可见，运用该教学模式进行写作拓展练习，能使学生的写作思维更加开阔、写作技巧有所强化、遣词造句技能得到提高，进而促进写作水平的提升。

基于高阶思维的初中英语故事读后写作拓展教学模式是在课本内容上的深化发展，通过深度的、有效的文本故事内容及人物分析，学生不仅使其情感态度价值观得到升华，还积累了英语词汇等语言知识；通过文本续写、改写、写后评价反馈、后加工设题等活动，学生的分析、评价、创造等高阶思维得到刺激和发展，为其后续高中阶段进一步的英语学习打下了良好的基础。

第四节　高阶思维能力培养的初中英语深层阅读教学

在教学活动中，深层阅读教学需要学生高阶思维的介入，即通过引导学生对知识进行归纳和总结，促使学生在阅读中对语篇的情感、相关知识进行高效率的分析，并进行适时的总结和创新。在当前的教育改革过程中，教师应该注重培养学生在阅读中的高阶思维能力，在阅读教学中引导学生实现对知识的深入思考。

在初中英语阅读教学中，教师可以适当地运用高阶思维能力培养方式，促使学生阅读能力和思维能力的提升。下面我将在阅读教学的三个阶段，分别分析如何培养学生在阅读活动中的高阶思维能力。

一、阅读前要营造良好的阅读氛围

在初中英语阅读教学活动开始之前，教师要对阅读教学进行适当的准备，这样才能在阅读教学中游刃有余，使学生在自己的引导下产生阅读兴趣，为新的阅读教学打下良好的基础。在准备阶段，教师应该为教活动营造良好的氛围，不断通过各种方法调动学生的思维。

（一）创设情境，激发兴趣

在语言的学习过程中，应该注重学习过程的实践性，教师应该创设一些相关语境，使学生在较为真实的环境中对语言进行听说读写的学习，真正感受到语言的魅力。在初中阅读教学中，教师可以运用多媒体教学方式，通过借助图片、动画或视频等方式，来使学生进入教师创设的生动情境中，并通过引导学生之间进行讨论和交流，发现学生在阅读中存在的问题。如在学习 Zalong-A special place 这一课时，教师可以通过多媒体放映一些关于扎龙自然保护区以及保护区内动植物的图片、视频等，并对这些动植物的生长环境进行描述，这样能使学生的印象更深刻。在相应情境创设成功之后，教师就可以一步步调动学生的思维，加强与学生之间的互动，通过回顾学生已获得的知识进一步了解学生的实际经历，确定其对相关阅读材料的了解，以便进一步开展阅读教学。在这个过程中教师一定要注重让学生多思考，在不断地思维跳跃中为学生高阶思维能力的培养做准备。

（二）通过预测，推断内容

在阅读教学中，对相关语篇进行预测也是提高阅读能力的重要措施。在阅读之前，教师可以引导学生阅读材料的引导语、插图等，通过对这些素材进行阅读来对文章的大致结构进行预测。在阅读教学中引导学生进行适时预测，可以使学生对于阅读更加投入，增加学生对阅读的期待值，使学生能够更好地理解文章的行文结构，使阅读效率得到有效提高。学生在这个时候可以尽情发挥想象力和逻辑推理能力，带着问题进行后面的阅读，主动进行阅读活动。

二、阅读中要培养学生的高阶思维

（一）借助思维导图，培养学生分析能力

在英语阅读教学中使用思维导图，不但有利于提高学生的语言能力，还可以使学生的思维方式得到改变，促使学生在教师的引导下将文章的逻辑关系弄清楚，进一步理解文章情感。在教学过程中，教师可以利用互联网进行思维导图的绘制，在阅读过程中随着故事

进展将思维导图展现出来，这样学生可以在阅读学习的过程中一步步地形成逻辑，对文章的理解也将更加清晰。另外，教师也可以鼓励学生独立绘制思维导图，通过构建文章的简单结构，或者绘制人物关系图，使学生更完整地掌握文章结构。高阶思维能力的养成一定是建立在正确的世界观、人生观和价值观基础之上的，因此，在学生进行动手操作时，教师需要进行适当的鼓励，鼓励学生对阅读中出现的疑问进行探索，并引导学生在阅读中注重对知识进行反馈，从而促使学生逐渐形成积极的世界观和价值观。

（二）增加课堂互动，培养学生质疑解疑能力

在初中阅读课堂上，与学生的互动必不可少，尤其在英语阅读课堂上，教师更应该注重学生的主体地位，在进行课堂教学中提高对学生提问的次数，在提问中使学生对相关语段和知识进行较好的衔接，并不断滴在阅读过程中进行反馈，提高学生对知识的总结能力。在这个过程中，教师要特别注重提问的技巧，通过不同的问题来锻炼学生的推理能力和思维能力，这样不仅能使学生在思考问题和回答问题的过程中将阅读材料的结构框架掌握牢固，还能够一步步加深对文章的理解。另外，教师可以提出一些开放性问题，通过引导学生对这些问题涉及的知识点进行探索，使学生不断挖掘文段的深层内涵，进而锻炼学生提出问题和解决问题的能力。比如，在进行牛津初中英语 7B Unit4 Reading 教学时，教师最后可以设计这样的话题让学生讨论，“If we have the chance to visit the zoo，what can we do and what mustn’t we do?”通过设置这样的问题，促使学生打开思维，尽情地发挥想象力，进而愿意主动解决问题。

（三）引导文段赏析，培养学生的评价能力

在语言学习中，学生由学习而引发思考是最重要的。在阅读过程中，学生不但要对各种语段进行结构和内容上的分析，还需要在教师的引导下增强对文章中优美的语言、生动的描写等的赏析，进一步从艺术的角度对文章或语段进行赏析。在这个过程中，教师可以通过对文章中的文化背景进行分析，并通过互联网进行教学素材的拓展，使学生了解相关文化风俗以及在相关文化氛围中英语写作风格等。这样在教师的引导下，学生可以提高语言鉴赏能力，培养自身的感性思维，并通过不断吸收相关文化知识，使自身的写作能力和创新能力得到全面提高。

三、阅读后要注重高阶思维拓展

在初中阅读教学中，教师要在阅读的各个过程对学生进行高阶思维能力的培养，在阅读后应该注重对相关知识的延伸，培养学生的知识迁移能力和语言表达综合能力，从而进一步锻炼学生的思维。在阅读后对知识进行拓展，可以有多种方式。如在现代教学中，教师可以充分利用现代教学资源，通过在互联网上搜集相关资料，在课堂上进行拓展教学，

创设出新的教学情境，使学生在结合已获得知识的基础上进行知识迁移，用自己的知识储备来了解更多的课外知识。在不断创设的新情境中，学生提出问题和解决问题的能力都能够得到提升，在进一步了解中提高输出知识的能力，在课堂上更主动地输出观点，这样学生的高阶思维能力能够得到最大程度的开发。

初中英语教师在教学过程中，应该将高阶思维能力的培养与学生语言运用能力、逻辑推理能力、艺术鉴赏能力的培养过程结合起来，在循序渐进的教学过程中实现学生综合能力的提升。同时，在英语阅读教学的各个阶段对学生的思维能力进行锻炼，采用多种教学策略，应用现代教学技术和设备。在教学活动中注重让学生学思结合，以各种课堂活动为载体，使学生更愿意主动思考，在主动学习中使自身养成高阶思维方式，从整体上提升自身的综合素养。

第五节　初中英语非故事类文本阅读教学对高阶思维的培养

在初中阶段学生的英语阅读实践过程中，非故事的英语文本占据了很重要的地位。教师引导学生通过进行非故事类英文文本的阅读，不仅能够有效地帮助学生进行英语词汇的积累，丰富学生的英语阅读实践，强化学生的基本阅读技能，而且还能够促进学生高阶思维能力的发展。然而，从当前初中阶段英语非故事类文本的阅读教学情况来看，有些教师对于英语非故事类文本的概念并不是特别清楚，也有一些教师在组织学生进行英语非故事类文本的阅读过程中，所采取的阅读教学模式依然是以学生被动理解文本当中的有关语言信息为主，不利于全面激活学生的活力，也不利于培养学生高阶思维能力，从而不利于学生的高级思维能力的发展，也就不利于学生的英语学科核心素养的发展。因此，为了能够有效地提高初中阶段英语非故事类文本阅读教学的效率，教师必须应该关注什么是非故事类英语文本以及在初中英语阅读教学过程当中，引入相关的非故事类文本阅读教学的重要性。同时，教师也应该重点探究在具体的英语非故事类文本阅读教学过程当中，我们可以采取什么样的有效途径，从而才能够真正地促进学生的高级思维能力的发展。

一、非故事类文本

顾名思义，非故事类文本是与故事类文本相对立的。其实，对于非故事类文本，我们可以称之为一种科普类的文本，或者是称之为一种非虚构类的文本。和故事类的英语文本相比，非故事类的文本具有如下的几个明显的特征：

首先，非故事类文本当中所展示的信息都是各种主题下的真实信息，是一种准确的信息，或者说是一种非虚构的信息。也就是说，学生在进行非故事文本阅读的过程中，他们从文本当中所获得的一些信息是真实的，或者是正确的信息，而并不是虚构的信息。其次，在非故事类文本当中，作者重点关注的是一些真实发生的事件，从而有利于拓展学生的阅读视野，丰富学生的不同范围、不同主题、不同学科的有关知识，如历史学科的知识、地理学科的知识、生物学科的知识、物理学科的知识以及化学学科的知识等。另外，非故事类文本其实包含了很多不同的文本类型。比如，在学生进行日常生活和学习实践当中，他们经常会遇到一些英文类的地图、英文类的旅游手册、英文类的传记资料以及英文类的学习指南等等。那么，这些文体类型其实都属于非故事类文本。

总之，非故事类文本是非虚构类的、以展示真实信息为主的、包含了各种话题、各种范围的文本类型。学生通过展开英语非故事类文本的阅读，能够在英语文本阅读实践当中对于不同领域的知识进行广泛的涉猎，从而能够有效地丰富学生的英语阅读视野，强化学生对于不同学科、不同范围的知识的深刻理解。这对于全面提升学生的英语学科核心素养具有重要的作用。

二、指向高阶思维培养的初中英语非故事类文本阅读教学

根据本节的研究，鉴于高阶思维能力当中的几个重要的维度，教师在组织学生进行英语非故事类文本的阅读教学过程中，可以引导学生对英语非故事类文本进行深入解读，对英语非故事类文本进行多维评价，以及对英语非故事类文本进行创新运用等。

（一）引导学生对英语非故事类文本进行深入解读

在初中阶段英语非故事类文本阅读教学过程中，为了能够有效地帮助学生提升他们的高阶思维能力，教师首先应该引导学生对于英语非故事类文本进行深入解读，这是全面提高学生的文本阅读理解能力、发展学生的文本解读能力的重要一环。在这个过程中，为了能够引导学生对于不同类型的英语非故事类文本进行深入解读，教师首先应该把握英语非故事类文本的具体类型。

比如，英语非故事类文本包含了英语记叙文、英语描写文、英语议论文、英语传记类文章等等。另外，我们知道，每一种文体的具体风格是不一样的，每一种文体当中所呈现的内容也是不一样的。这就要求教师在引导学生对于不同的文体进行文本解读时，应该把握这一文体的具体内容，并运用不同的模式或者是不同的方法来进行深入的解读和分析。

例如，我们知道进行记叙文阅读的核心是学生需要理清记叙文当中所记述的事情的具体起因、经过以及结果等。也就是说，学生需要重点理解文本当中所记述的有关“when”“where”“who”“what”“why”等相关的细节信息。那么，教师在引导学生对于英语记叙类的文章进行深入解读时，便应该要求学生主要理清记叙文当中事情的发展脉络以及情节具体的发展过程。

再比如，在英语的议论文中，作者主要会表达自己的观点。同时，作者也会运用一

些相关的论据，如事实性论据或者是有关的例子等来证明自己的观点。那么，教师在引导学生对于英语的议论文进行深入解读时，便应该重点引导学生解读或者是分析文本的作者想要表达的观点是什么，或者是文本作者在写作过程中想要抒发的情感是什么。除此之外，学生还应该重点分析作者为了能够表达相关的观点，或者是抒发自己的情感，运用了什么样的方法来进行支撑，或者是作者想要给我们传达的价值观以及相关的教育意义是什么等等。

（二）引导学生对英语非故事类文本进行多维评价

评价也是高阶思维能力当中的一个重要方面。为了能够促进学生的高阶思维能力发展，教师在组织学生展开英语非故事类文本的阅读学习时，还应该重点就英语非故事类文本当中的诸多信息进行多维度的评价。教师在引导学生进行多维度的评价时，同样可以结合具体的文本的类型，并从如下的角度来进行评价。

首先，学生可以从文本的写作结构方面来进行评价，来反观自己所读文本的结构安排是否合理，是否能够通过清晰明了的结构来达到文本写作的目的，如果不合理的话，自己是否有更好的建议。

其次，学生还应该从文本的内容来进行评价。比如，学生如果阅读到的是一篇英语议论文的话，那么，作者在证明自己的相关观点时，可能会运用一些例证。这时候，学生便可以评价作者所运用的例子是否具有典型性，是否与读者的日常生活较为接近，是否能够较好地引发读者的共鸣。如果不能的话，是否有更为典型的例子等等。

再者，学生还应该从文本的语言方面来进行评价，包括在文本写作的过程中，作者是否运用了丰富的英语词汇，是否运用了高级的英语句型，是否运用了一些多样化的表达等等。

（三）引导学生对英语非故事类文本进行创新运用

创新应该是高阶思维能力当中的一个最高的维度。那么，为了能够将学生的低阶思维的发展与高级思维的发展相统一起来，在初中阶段英语非故事类文本阅读教学过程当中，教师在帮助学生对英语文本当中的相关信息进行深入解读的基础上，其实，学生已经进行了有效的阅读输入。那么，在阅读输入之后，学生便可以在老师的指导下，展开后续的输出活动。而在输出活动时，其实，学生可以对于自己在阅读过程当中所获取的一些语义方面的信息进行迁移运用，或者我们在这里可以称之为是一种创新的运用等。

例如，学生在完成了某一主题的英语非故事类文本阅读的基础上，教师可以引导他们将文本当中的一些关键的词汇或者是一些地道的英语表达进行下划线。然后，教师可以要求学生在同一主题之下，运用下划线的相关词汇和表达来进行英语写作活动，并鼓励他们在进行自主创作过程中，可以对这些词汇进行创新性地运用。比如说，学生可以尝试着去改变这些词汇的具体词性，或者是运用这些词汇的同义词等进行语义表达。

比如，学生可以具体完成下面的文本创新的活动：

Please underline some key words in the text or some authentic English expressions.Then, you will need to write in English using the underlined words and expressions that are related to the same topic, and you will beable to use these words creatively.

总之，在初中阶段的英语阅读教学过程中，教师必须充分地认识到全面地培养学生的高阶思维能力对于促进学生对文本的深入解读、强化学生对文本的深入理解、进而有效提高学生的英语学科核心素养的重要意义。除此之外，教师还应该注意引导学生展开丰富的英语非故事类文本的阅读，把握英语非故事类文本的特征以及非故事英语文本的具体教学原则。在此基础上，教师需要认真地探究如何在英语非故事类文本阅读教学过程中有效地发展学生的高级思维能力，强化学生对于文本当中有关语言信息的深入分析、评价和进一步的创造性地运用等。根据本节的研究，鉴于高阶思维能力当中的几个重要维度，教师在组织学生进行英语非故事类文本的阅读教学过程中，可以引导学生对英语非故事类文本进行深入解读，对英语非故事类文本进行多维评价，以及对英语非故事类文本进行创新运用等。

参考文献

[1] 周后红 . 浅论初中英语听力教学难点与教学策略 [J]. 南北桥，2019（24）：76.

[2] 张政 . 初中英语听力教学策略 [J]. 英语画刊（高级版），2019（30）：40.

[3] 王盈 . 分析初中英语听力教学难点与教学策略 [J]. 英语画刊（高级版），2019（33）：46.

[4] 刘家宗 . 核心素养培养视域下初中英语阅读教学策略 [J]. 名师在线，2019（36）：38-39.

[5] 郭新兰 . 基于核心素养的初中英语课堂教学研究 [J]. 课程教育研究，2019（52）：141-142.

[6] 林娟，李华，燕欣 . 聚焦初中英语核心素养的形成性评价方法探讨 [J]. 中国现代教育装备，2019（22）：54-56.

[7] 国帅 . 核心素养下的初中英语教学方法探究 [J]. 科学咨询，2019，（04）：134.

[8] 吴红伟 . 初中英语教学方法与模式探索 [J]. 课程教育研究，2019，（05）：133.

[9] 宋月琴 . 搭建听力教学的脚手架——农村初中英语课堂降低听力难度方法探究 [J]. 英语广场，2018，（07）：132.

[10] 中华人民共和国教育部 . 义务教育英语课程标准：2011 年版 [S]. 北京：北京师范大学出版集团，2012.

[11] 中华人民共和国教育部 . 普通高中英语课程标准：2017 年版 [S]. 北京：人民教育出版社，2018.

[12] 方涵，何敏，张建琼 . 基于知识分类的高中英语育人价值的实现 [J]. 中小学教师培训，2019（7）：58-62.

[13] 冷品优 . 探究传记类语篇的主题意义落实英语学科立德树人目标 [J]. 中小学外语教学（中学篇），2019（6）：35-41.

[14] 梅德明 . 绘制新时代基础外语教育现代化的发展蓝图 [J]. 中小学外语教学（中学篇），2019（4）：1-7.

[15] 贾敏 . 浅析微课在初中英语教学中应用 [J]. 英语广场，2919（3）：124-125.

[16] 杜学芳 . 微课在初中英语教学中的运用策略探究 [J]. 英语教师，2018（15）：116-118.

[17] 向碧霞 . 初中英语教学浅谈 [J]. 大舞台：教学与艺术，2010（4）：91.

[18] 刘艳芬 . 初中英语教学浅谈 [J]. 青年文学家，2012.

[19] 孙志芳 . 初中英语教学浅议 [J]. 新课程：教研版，2013（3）：10.

[20] 林海 . 初中英语教学中生活化教学资源的运用分析 [J]. 海外英语，2018（16）：21-22.

[21] 姚伟东 . 初中英语生活化教学“三部曲”[J]. 甘肃教育，2018（14）：106.

[22] 李军民. 让生活激活课堂：初中英语的生活化教学漫谈 [J]. 英语画刊（高级版），2016（3）.